Frank Schirrmacher
Minimum

Frank Schirrmacher

Minimum

Vom Vergehen und Neuentstehen
unserer Gemeinschaft

Karl Blessing Verlag

Verlagsgruppe Random House FSC-DEU-0100
Das für dieses Buch verwendete FSC-zertifizierte Papier *EOS*
liefert Salzer, St. Pölten.

1. Auflage
Copyright © 2006 by Karl Blessing Verlag, München,
in der Verlagsgruppe Random House GmbH
Umschlaggestaltung: Hauptmann & Kompanie
Werbeagentur, München – Zürich
Satz: Uhl + Massopust, Aalen
Druck und Einband: GGP Media GmbH, Pößneck
Printed in Germany
ISBN 10: 3-89667-291-6
ISBN 13: 978-3-89667-291-9

www.Blessing-Verlag.de

Inhalt

Die Männer 7
Nachwuchs 18
Schicksalsgemeinschaft 23
Rollenspiele 40
   Wer rettet wen? 40
   Wer beschuldigt wen? 52
   Wer benachteiligt wen? 64
   Wer entmutigt wen? 72
   Wer heiratet wen? 86
   Wer spielt wen? 95
   Wer informiert wen? 110
   Wer trägt wen? 115
   Wer vernetzt wen? 126
Die Frauen 132
Erbengemeinschaft 158

Anmerkungen 165
Literaturverzeichnis 176
Danksagung 183
Personenregister 184

Die Männer

Es ist eiskalt. Und so weit das Auge reicht, liegt Schnee. Aus der Vogelperspektive betrachtet, sieht die Landschaft aus wie ein riesiger weißer Bogen Papier, auf dem sechs abgezirkelte schwarze Kreise eingezeichnet sind. Diese Kreise markieren Lager, notdürftig errichtet von den Menschen, die hier festsitzen. Insgesamt sind es einundachtzig: mehrere große Familien, Alleinreisende und einige ortskundige Führer, die den Treck sicher durch die Sierra Nevada hätten bringen sollen. Doch nun ist Ende November 1846, und die Siedler sind am Fuße eines Berges wie festgefroren. Ohne entsprechende Ausrüstung und überwältigt von dem frühen Wintereinbruch kommen sie mit ihren Planwagen nicht mehr weiter, der Schnee blockiert den Weg nach vorne und auch den Weg zurück. Schneestürme, die sich zu Tornados auswachsen, fegen fast täglich über sie hinweg, decken ihre Habseligkeiten zu.

Jenseits der Berge, wo man vergeblich auf die Ankunft der Siedler wartet, schickt man ein Rettungsteam los. Doch es kommt nicht durch und muss umkehren. Die Retter wissen nicht, wie viel Vieh der Treck schon verloren hat, und fälschlicherweise glauben sie, die Gruppe hätte noch Vorräte für vier Monate.

Die Lage ist aussichtslos. Von einem kleinen Trupp, der einige Wochen später im Dezember ohne die Gruppe weitergezogen ist, hören die Zurückgebliebenen nichts mehr.

Margaret Reed, eine der Siedlerinnen, zermürben Hunger und Kälte so sehr, dass sie beschließt, zu Fuß über die verschneiten Berge zu fliehen. Zusammen mit ihrer dreizehnjährigen Tochter Virginia, einer Bediensteten und einem Führer macht sie sich auf; ihre drei jüngeren Kinder lässt sie bei den anderen Familien zurück. Aber neue, noch heftigere Schneestürme zwingen den kleinen Trupp schon nach wenigen Kilometern zur Umkehr.

Es ist, als wäre ein böses Märchen wahr geworden: Ein schrecklicher Bann liegt auf dem Lager – und niemand kann ihn brechen.

Heute wissen wir: Dieser Bann schmiedete die Menschen sechs Monate lang in der Eiswüste aneinander, und mit jedem Tag, der verging, näherten sie sich dem absoluten Minimum, das zum Überleben notwendig war.

Was sich zwischen ihnen abspielen wird, ist eine ziemlich schauerliche Geschichte, in der bis zum Mord kein menschliches Verbrechen ausgelassen und bis zur aufopfernden Liebe über den Tod hinaus keine menschliche Größe unverzeichnet bleibt.[1]

Das Schicksal dieser Menschen ist als die Tragödie vom Donner-Pass tief in das amerikanische Gedächtnis eingegraben.

Voller Optimismus hatten sich die Siedler auf den Weg gemacht, die meisten von ihnen waren wohlhabend und stammten aus Deutschland oder Österreich. Jakob Donner und sein Bruder George, die den Ereignissen ihren Namen gaben, beides reiche Landbesitzer, hatten die Spitze des Zugs gebildet. Sie waren mit Karren und Planwagen und großen Vorräten für Körper und Geist losgezogen, mit

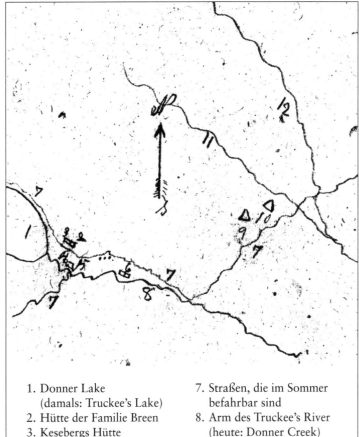

1. Donner Lake
   (damals: Truckee's Lake)
2. Hütte der Familie Breen
3. Kesebergs Hütte
4. Big Rock
5. unterhalb des Big Rock,
   Hütte der Familien
   Murphy und Eddy
6. Unterkunft der Familie
   Graves mit Anbauten
   für weitere Familien
   und Einzelpersonen
7. Straßen, die im Sommer
   befahrbar sind
8. Arm des Truckee's River
   (heute: Donner Creek)
9. eines der Zelte der Familie
   Donner
10. Zelt der Familie Donner
11. Alder Creek
12. Prosser Creek

Karte, auf der die Niederlassungen der am Donner-Pass stecken gebliebenen Familien vermerkt sind. Gezeichnet von William Graves für C. F. McGlashan, 1879.[2]

Bibel und Gesangbüchern, mit Illusionen und Träumen vom fernen Kalifornien, das irgendwo jenseits des Horizonts liegen musste.

»Ich sitze im Gras in der Mitte meines Zeltes«, schreibt die fünfundvierzigjährige Tamsen Donner am Tag der Abreise an ihre Schwester und verkündet: »Morgen gehen wir nach Kalifornien, in die Bucht von Francisco. Die Reise dauert vier Monate. Wir haben drei Wagen, die mit Nahrung, Kleidung und solchen Dingen gefüllt sind. Ich bin entschlossen zu gehen und bin sicher, es wird für unsere Kinder von Vorteil sein.«[3]

Tamsen Donner ist Lehrerin. Sie macht viele Notizen, sie plant, ein Buch über die Pflanzenvielfalt des Wilden Westens zu schreiben. Ihr Notizbuch wurde niemals gefunden. Nach allem, was ihre Mitreisenden später berichteten, wurde aus dem Buch über die verschiedenen Arten der Pflanzen bald eines über die verschiedenen Arten der Menschen in Zeiten der Not.

Man darf sich die Reisegruppe nicht als eine Bande von Glücksrittern und Goldsuchern vorstellen. Sehr viele dieser Menschen sind als Bürger und Kaufleute in ihr neues Leben aufgebrochen. Virginia Reed wird sich später daran erinnern, dass ihre Eltern nicht nur enorme Vorräte an Hausrat und Nahrung auf die Wagen geladen hatten, sondern auch eine vollständige Bibliothek, bestehend aus Werken der Weltliteratur.[4]

Schon lange redet niemand mehr über Bücher. Noch ehe die Siedler hier festfroren, hatten sie bemerkenswerte Höhen und vor allem Tiefen erlebt. Im Sommer hatten sie die Salzseen durchqueren müssen, und in der Hitze schmolzen die ersten Bindungen dahin, und Misstrauen wuchs. Die

Abkürzung, die sie genommen hatten, erwies sich als Verhängnis, denn der Weg war kaum befahrbar. Jetzt begann die Panik. Sie mussten den Bergpass vor den ersten Schneefällen erreichen.

Am 6. Oktober 1846 fordert der Stress, dem der Treck ausgesetzt ist, sein erstes Gewaltopfer. Der junge John Snyder wird erstochen. Der Mörder wird verbannt, obgleich Ludwig Keseberg, ein Einwanderer aus Westfalen, zur Lynchjustiz ruft. Das soziale Gerippe der Reisegruppe kommt zum Vorschein und erschreckt zuallererst die Kinder.

Am 9. Oktober beginnt die Phase der angstgetriebenen Rücksichtslosigkeit: Ein ungefähr sechzig Jahre alter Mann namens Hardkoop, ein Einwanderer aus Belgien, wird von Ludwig Keseberg nach einem Streit vom Wagen gestoßen. Kein anderer nimmt ihn auf. Der Mann fällt mehr und mehr zurück. Zuletzt wird er gesehen, wie er sich einfach an den Straßenrand setzt und dort sitzen bleibt. Nicht jeder wird Zeuge des Vorfalls; einige erfahren erst abends davon. Sie entzünden ein Feuer, um den Verstoßenen ins Lager zu lotsen. Aber er bleibt verschollen. Am darauf folgenden Tag bittet Mrs. Reed mehrere Mitreisende um Pferde, sie will den alten Mann suchen. Doch jeder, den sie fragt, lehnt ab. Alle führen Gründe der Selbsterhaltung an. Die Zeit drängt, sie müssen den Gebirgspass überquert haben, ehe der Winter kommt, denn, wie alle wissen, die Schneestürme brechen ohne Gnade und Vorwarnung über das Land herein.

Verantwortungslos geworden, zieht die Gruppe weiter, es sind knapp achtzig Menschen, die keine Literatur mehr im Sinn haben und keine botanischen Studien und denen die schöngeistige Metapher von der Lebensreise plötzlich etwas voraussagt, was sie in wachsende Panik versetzt: Wenn die Reise hier endet, endet auch ihr Leben.

Und dann beginnt es zu schneien. In der Sierra Nevada, weit entfernt von jeglicher menschlicher Behausung, bleiben sie im Schneesturm stecken. Wären sie einen Tag schneller gewesen, so heißt es seither in der Literatur, hätten sie womöglich geschafft, die Wüste hinter sich zu lassen. Das ist der Augenblick, da diese Menschen ganz auf sich selbst und aufeinander angewiesen sind.

Wer sind sie? Es sind Alte und Junge. Großeltern sind dabei und Enkel, Mütter, Väter und Kinder, Tanten und Onkel, Cousins und Cousinen, außerdem Junggesellen und Einzelgänger. Auffallend ist die hohe Zahl allein reisender Männer. Es sind insgesamt fünfzehn, alle zwischen zwanzig und vierzig Jahre alt. Sie sind stark, selbstbewusst und vertraut mit den Gefahren des Wilden Westens. Wenn es irgendwo Wagehälse, Glücksritter und Goldsucher gibt, dann findet man sie unter ihnen. Es gibt aber auch das achtjährige Mädchen, das es schafft, seine kleine Holzpuppe bis zuletzt in den Kleidern zu verstecken, um sie so vor dem Verfeuern zu retten; den fünfundsechzigjährigen George Donner, der den Ereignissen ihren Namen gegeben hat, und seine Ehefrau, Tamsen. Sie wird im Verlauf dieser Geschichte eine wichtige, manche sagen: eine heroische Rolle spielen. Tamsen Donner nämlich wird zeigen, dass ein Mensch bis über den Tod hinaus zu einem anderen Menschen halten kann.

Man sieht: Mit Blick auf Verwandtschaftsgrad, Alter, Geschlecht, Status und Charakter bestehen zwischen diesen Menschen fast alle erdenklichen sozialen und verwandtschaftlichen Querverbindungen. Von der Ferne betrachtet, von dort, wo man nur die weiße Fläche und die markierten Lager erkennt, wirkt das Ganze wie der Mikrochip einer Gesellschaft – ein Prozessor, der Schicksale verarbeitet –, und jeder von uns hätte dabei gewesen sein können.

Geschichten sind Rollenspiele. Auch auf dem Donner-Pass wurden solche Spiele ausgetragen. Virginia Reed, wie erstorben von der Langeweile des Ausharrens im Eis, hatte ihre Bücher wieder und wieder gelesen. Doch jedes dieser Bücher wurde verbrannt, am Schluss blieb ihr nur ein Roman, den sie, wie sie später erzählte, wie eine Rolle nachspielte: Es war eine Art Robinson-Crusoe-Roman, der die Geschichte des Überlebens eines starken und selbstbewussten Helden in der Wildnis erzählte.[5]

Spielen auch wir ein Rollenspiel. Wer mitspielt, kann sich nicht nur in eine fremde Welt hineinträumen, sondern auch eine Art Wahrscheinlichkeitsrechnung mit dem Schicksal aufstellen.

Wählen wir die Person, unseren selbstbewussten Helden oder unsere Heldin, in deren Haut wir schlüpfen wollen – eine Person, von der wir glauben, dass sie die Kälte und den Hunger am Donner-Pass durchsteht. Doch Vorsicht bei der Wahl: Am Ende dieser Geschichte werden vierzig Menschen gestorben sein.

Was müsste man tun, um dort zu überleben? Oder bescheidener: Was müsste man tun, um möglichst lange am Leben zu bleiben? Auf wen kann man in einer Gemeinschaft[6] bauen? Wer müsste man sein?

Die Erlebnisse der Schicksalsgemeinschaft am Donner-Pass geben auf jede dieser Fragen Auskunft.

Wissenschaftler fast aller Fakultäten haben sich mit der Tragödie in der Sierra Nevada befasst. Schriften wurden ausgewertet, Stammbäume erforscht und sogar Ausgrabungen durchgeführt. Aber nur einer, der Anthropologe Donald Grayson, beschäftigte sich mit der Frage, die unserem Rollenspiel zugrunde liegt.[7] Keiner vor ihm hatte sie bisher gestellt, vielleicht weil keiner mit einer Antwort gerechnet hatte. »Was erfahren wir«, fragte Grayson, »wenn wir dieses schreckliche Erlebnis nicht als Historie, sondern als biologischen Vorgang deuten?«

Wer überlebt? Die meisten Menschen tippen bei der Beantwortung dieser Frage auf die Gruppe der fünfzehn erwachsenen, starken, unabhängigen und allein reisenden Männer.

Der Held – er erscheint im klassischen Repertoire unserer Kultur stets in Gestalt des Einzelkämpfers. Die Heldenmythologie, unsere Erziehung und die Klischees und Stereotype in der Gesellschaft haben in uns die Vorstellung geweckt, dass der Einzelkämpfer Krisen am besten meistern kann; gleichgültig, ob vor hundertsechzig Jahren im Winter in der Schneewüste oder heute bei einer Autopanne in den Bergen. Gerade die Unabhängigkeit erscheint uns als seine Stärke; Verantwortung für andere übernehmen zu müssen schwächt ihn. Der Held, so das Idealbild, findet irgendwann die junge, fortpflanzungsfähige Frau und schlägt sich fortan gemeinsam mit ihr durchs Leben – natürlich erfolgreich. Der Held ist, wie in Virginia Reeds letztem Buch, der Herrscher über das Schicksal, ein Macher, der kleine Mädchen zum Staunen bringt.

Die Ereignisse am Donner-Pass allerdings verliefen ganz anders. Noch ehe die Siedlergruppe überhaupt vom Schnee überrascht wurde, waren schon vier dieser hoffnungsvollen, kräftigen Männer tot. Der fünfundzwanzigjährige Luke Halloran starb an Tuberkulose, der gleichaltrige John Snyder wurde erstochen, Jacob Wolfinger ermordet, William Pike aus Versehen von seinem Bruder erschossen. Und schließlich Hardkoop, der als Sechzigjähriger die Rolle des Ausgestoßenen übernehmen musste.

Es kam also bereits zu einer Art Totentanz unter den Männern, bevor die eigentliche Katastrophe begonnen hatte. Donald Grayson wundert sich über diejenigen, die sich darüber wundern: So sterben vielfach junge, viel versprechende Männer, und so sterben auch ältere, ja, so sterben Männer überhaupt. Männer sterben früher als Frauen. Und sie sterben deshalb früher als Frauen, weil sie über die Millionen Jahre der Evolutionsgeschichte unzählige, unnatürliche Tode gestorben sind; durch Morde, Selbstmorde, Verkehrsunfälle und typische männliche Infektionskrankheiten, bei denen genetische Faktoren und Anfälligkeiten eine besondere Rolle spielen. Und aus genau diesen Gründen starben auch die ersten fünf Opfer des Trecks: »Fünf Todesfälle, alles Männer, und alle kamen auf typisch männliche Weise um: durch ansteckende Krankheit, Aggression und Gewalt.«[8]

Man ist also womöglich nicht gut beraten, sich in unserem Rollenspiel – und auch im wirklichen Leben – auf die starken, unabhängigen Männer zu verlassen. Oder, womöglich noch fataler: einer dieser Einzelkämpfer zu sein.

Denn, um es kurz zu machen, von den fünfzehn allein reisenden Männern, diesen Inbildern von Kraft und Herrlichkeit, überlebten die Tragödie am Donner-Pass nur drei. Einige von ihnen starben natürlich auch deshalb, weil sie bis zur Erschöpfung Holz fällen, in der Eiseskälte jagen oder fischen mussten. Das erklärt aber nicht, warum andere Männer, die in verheerender körperlicher Verfassung waren, überlebten. Und es erklärt auch nicht, warum manche älteren Siedler, zumal bei schlechter Kondition, sehr viel länger durchgehalten hatten als die jüngeren.

Grayson wurde bald klar, dass hier ein anderes Erklärungsmuster vorliegen musste. Nachdem er alle Todesfälle ausgewertet und Tote mit Überlebenden verglichen hatte, wurde ihm klar, was entscheidend für das Durchkommen am Donner-Pass gewesen war: die Familie. Einzig und allein, ob die betreffende Person in einer Familie oder allein gereist war, entschied darüber; mehr noch: Je größer die Familie war, desto größer war die Überlebenswahrscheinlichkeit des Einzelnen. Und nicht nur das: Auch wie lange jemand durchhielt, hing von der Größe seines verwandtschaftlichen Netzes ab. »Je größer die Familie, in der eine Person reiste«, so Grayson lakonisch, »desto länger überlebte diese Person.«[9] Das galt übrigens auch für den Ältesten der Gruppe, den fünfundsechzigjährigen George Donner, der, obwohl an der Hand schwer verwundet, im Vergleich zu den anderen Männern nur deshalb so lange am Leben blieb, weil seine Frau Tamsen ihn aufopfernd gepflegt hatte.

»Diese Gruppen lehren uns«, schreibt Grayson, »was mit Gemeinschaften geschieht, die sich nicht gegen Kälte und Hunger wehren können und denen dennoch die Fähigkeit verblieben ist, sich innerhalb einer Familie auszutauschen.«[10]

Als sich am 23. März 1847 eine kleine Rettungstruppe zu den Verlorenen durchgekämpft hatte, weigerte Tamsen sich, mit ihr zu gehen – sie wollte ihren Mann nicht alleine zurücklassen und gab den Rettern ihre drei Töchter mit. George Donner, obwohl verwundet und der Älteste der Gruppe, schaffte es dank dieser Zuwendung bis zum 26. März. Tamsen überlebte ihn nur um zwei Tage. Erst einen Monat später, am 25. April 1847, wird das letzte Mitglied des Trecks gerettet.

Von den Einzelreisenden waren fast alle umgekommen. Auch die Familien hatten Mitglieder verloren, doch in den meisten Fällen schien es wie ein Wunder, dass die Opfer – Ältere, Kranke oder Kleinkinder – überhaupt so lange überlebt hatten. Familie Eddy beispielsweise, bestehend aus vier Personen, beklagte drei Opfer; Familie Graves bestand aus zwölf Personen, und es kamen acht durch; die Breens waren zu neunt, und alle überlebten. Das sagt nichts aus über Moral oder Charakter der Einzelgänger oder der unterschiedlichen Familien. Es war, wie Donald Grayson nachwies, viel mehr als das. Es war ein Gesetz.

Nachwuchs

Zwei Kräfte haben unsere Welt in den vergangenen Jahren so sehr verändert, dass uns das Gefühl befällt, jedes Jahr tiefer in einen Schlamassel zu geraten: Arbeit und Liebe.

Liebe begünstigt Geburten, Arbeit vereitelt sie. So lautet der Grundwiderspruch unserer Gesellschaft. Nicht gerade ein Romeo-und-Julia-Stoff. Die Tragödie unseres Lebens besteht nicht mehr darin, liebend unterzugehen, sondern darin, arbeitend, ohne genügend Nachwuchs abzutreten.

Arbeit bringt Geld, Liebe kostet Geld. Arbeit liefert – allen einschlägigen Untersuchungen zufolge – die dem Menschen maximal zugängliche Erfüllung, Liebe endet oft im Streit. Arbeit produziert Waren und Eigentum, Liebe produziert Kinder und Verluste. Arbeit eignet sich für Sachbücher, Liebe für Romane.

Arbeit ist vor allem Arbeit des Gehirns. Der Grad der Ausbildung einer Frau ist mittlerweile eine feste Größe für Kinderlosigkeit und die Verschiebung stabiler Partnerschaften. Arbeit vergrößert das Risiko von Kinderlosigkeit – sogar in stabilen Partnerschaften.

Arbeit und Liebe teilen unsere Welt auf, in Schwarz und Rot, und mischen die Schicksale. Aber zwischen Arbeit und Liebe gibt es ein Drittes, das sich erst konstituiert, wenn beide zusammenfinden. Es ist die Familie, die Überlebensfabrik, die Donald Grayson am Donner-Pass detektivisch aufspürte.

Der Schnee, die Menschen und die Winterlager: Übertragen wir das Muster auf die Gegenwart, und schauen wir, was vom Gesetz des Sterbens der Männer und des Überlebens der Familien bleibt. Die Donner-Gruppe war in ihrer Verteilung von Männern, Frauen und Familien ein demographischer Spiegel, ein Mikrokosmos ihrer Zeit. Wie wären die Mitglieder einer solchen gestrandeten Gruppe heute miteinander verbunden? Wie viele Familien gäbe es? Wie viele Einzelreisende? Wie viele Freunde? Und wie würden wir ein solches Unglück überleben?

Kaum einer von uns Heutigen wäre auf dem Donner-Pass unter den sicheren Gewinnern gewesen. Die größte Überlebenschance, so fand Grayson heraus, hatten Familienverbände, die mehr als zehn Mitglieder umfassten. Das ist ein repräsentativer Wert, der für diese Art der Katastrophen fast immer gilt und nicht nur für den Wilden Westen des Jahres 1846: Je größer die Familie, desto sicherer die Rettung.[11]

Doch zu zehnt ziehen wir längst nicht mehr umher. Wir sind weniger geworden. Vielleicht auch deshalb, weil seit ein paar Generationen keiner mehr damit rechnen musste, auf seiner Lebensreise in irgendeinem verschneiten Pass festzustecken.

Neuerdings können wir uns dessen nicht mehr so sicher sein. Wir sind zwar nicht mit Wagen, Pferden und vergilbten Landkarten unterwegs, aber das Land fühlt sich für viele trotzdem wie eingefroren an. Wir sind keine Pioniere, aber dass unbekanntes Terrain vor uns liegt, spürt jeder. Wir haben keine Knappheit an Vorräten, aber uns mangelt es am Vorrat verwandtschaftlicher Beziehungen.

Der Demograph Nicholas Eberstadt hat für die nächsten

beiden Generationen in Italien vorausberechnet, dass drei Fünftel der Kinder keine direkten Verwandten haben werden. Auch für die anderen Länder Europas gibt er keine Entwarnung: »Ungefähr vierzig Prozent der europäischen Kinder werden keine gleichaltrigen Blutsverwandten haben; weniger als ein Sechstel werden aus erster Hand die Erfahrung von Bruder oder Schwester und gleichzeitig einem Cousin oder einer Cousine haben. Familien in den weniger fortschrittlichen Regionen der Welt werden diese Entwicklung im Jahre 2050 noch nicht vollständig durchlaufen haben. Aber das ist nur eine Frage der Zeit: In einer oder zwei Generationen wird eine Familie, die aus Geschwistern, Cousins und Cousinen, Onkeln und Tanten besteht, unter den hier zugrunde liegenden Fertilitätsraten in der gesamten Welt eine Anomalie darstellen.«[12] Und der *Economist* prophezeite: »Ein subtiler, aber gleichermaßen fundamentaler Wandel wird sich in den Familienstrukturen vollziehen. Es gibt gute Chancen, dass das heute geborene sechsmilliardste Kind zwei oder drei Geschwister hat, eine ganze Reihe stolzer Tanten und Onkel und eine Hand voll Cousins und Cousinen. Baby Nummer 7 500 000 000 wird höchstwahrscheinlich ein Einzelkind sein, mit nur sehr wenigen Angehörigen seiner eigenen Generation.«[13] Baby Nummer 7 500 000 000 hätte auf dem Donner-Pass keine Chance gehabt.

Gewiss: Wir stecken nicht im Schnee in irgendwelchen amerikanischen Bergen. Wir sind nicht bedroht von Kälte und Sturm; und doch haben auch wir zunehmend das Gefühl, nur noch langsam und sehr mühsam weiterzukommen. Man kennt die Verblüffung, die sich auf den Gesichtern abzeichnet, wenn der Sozialstaat die Mitreisenden unserer Gemeinschaft neuerdings anweist, in die Familien zurückzukehren, weil er nicht mehr helfen kann. Diese Botschaft war nicht vorgesehen. Und noch weniger war vorgesehen, dass sie nicht aus ideologischen Gründen erfolgt, sondern aus Mangel an Ressourcen.

Wohin zurückkehren? Wie die Reisegruppe vom Donner-Pass haben auch wir in der Vergangenheit eine Abkürzung genommen, um schneller ans Ziel zu kommen. Unsere Abkürzung heißt: weniger Kinder, um Kosten zu sparen, weniger Familien, um Verpflichtungen zu entgehen. Nun müssen wir und vor allem unsere Kinder für diese Entscheidung bezahlen. Sie ist irreversibel. Und sie gewinnt tragische Züge, wenn der Wohlfahrtsstaat, der die Familie ersetzen wollte, kapituliert. Oder einen wie den armen Hardkoop vom Wagen stößt.

Was, wenn der Staat seine Hilfsversprechen nicht mehr halten kann? Wer rettet dann wen, wenn es ernst wird, wer versorgt wen, wenn es Not tut, wer vertraut wem, wenn es schlimm wird, wer setzt wen als Erben ein, wenn es zu Ende geht? Und vor allem: Wer arbeitet für wen, auch wenn kein Geld da ist?

Unsere Kinder sind es, die zunehmend ohne Mitverbündete aufwachsen, die nicht, um Nicholas Eberstadt zu zitieren, durch das Urgefühl sozialisiert werden, »dass es ein unauflösliches Band gibt, das sie mit Gleichaltrigen in der Familie verbindet«.[14] Von diesen Kindern aber hängt alles ab. Von ihrer Ausbildung, aber auch von ihren Lebensentscheidungen. Sie sind die wahre »Sandwich-Generation«. Sie werden nicht nur mit Geld, sondern auch mit ihrer Lebenszeit zahlen müssen. Sie werden sich, da sie meistens spät von ihren Eltern geboren wurden und vermutlich selber spät Kinder bekommen, womöglich mehr als vierzig Jahre ihres Lebens auf die eine oder andere Weise der Fürsorge von abhängigen Familienangehörigen – erst der eigenen Kinder, dann ihrer Eltern – widmen müssen. Die Kinder, die wir heute schon auf den Straßen sehen, werden zwei Erwachsene ersetzen müssen, »in Produktion und Reproduktion, im sozialen Leben, im Netz ihrer Gefühle und Loyalitäten«.[15]

Wir haben uns, je älter wir wurden, angewöhnt, Familien als Organisationsformen der Enge, des Absurden, der Komik, der Soap-Operas misszuverstehen. Mag sein, dass sie das alles sind. Vor allem aber sind sie, wie Donald Grayson gezeigt hat, Urgewalten, die aus allem Guten und allem Schlechten, was Arbeit und Liebe hervorbringen, bestehen[16] – Urgewalten, die sich seit Jahrtausenden immer wieder erneuert, immer wieder reproduziert haben.

Damit scheint es vorbei zu sein. Seit Jahrzehnten reproduzieren sich Familien auf einem noch vor kurzem für undenkbar gehaltenen allerniedrigsten Niveau. Wir glaubten bisher, unser Spiel mit Elementargewalten beschränke sich auf die technisch-wissenschaftliche Welt, auf, wie der berühmte Buchtitel des Philosophen Karl Jaspers lautete, die »Atombombe und das Überleben des Menschen«. Aber auch die Familie und die verwandtschaftlichen Netzwerke, so müssen wir jetzt erkennen, sind Urgewalten mit denen wir gespielt, deren Kräfte wir entfesselt haben und deren Kontrolle uns und unseren Kindern zu entgleiten droht. Was geschieht, wenn eine Urgewalt einem Minimum entgegenstrebt?

Schicksalsgemeinschaft

»Die kargen Rationen werden in diesem Monat auf die Hälfte gesenkt. Das ist das Todesurteil für viele, die bislang noch mühsam Schritt hielten, vor allem für Kinder, alte Leute und Flüchtlinge.«[17] Das schreibt der Schriftsteller Ernst Jünger in sein Tagebuch, und nicht über das Unglück in der Sierra Nevada, sondern über das im Deutschland des Jahres 1946. Es ist genau einhundert Jahre her, seit ein Treck von Siedlern einen gewissen Hardkoop seinem Schicksal überlassen hatte, weil auch er nicht mehr Schritt halten konnte. Jetzt, Mitte des zwanzigsten Jahrhunderts, ist ein ganzes Land am Ende. Die direkte Nachkriegszeit ist unsere Tragödie vom Donner-Pass.

Das absolute Minimum seit Kriegsende herrschte in Deutschland zwischen den Jahren 1945 und 1949. Keine andere Phase der deutschen Historie ist symbolhafter oder stärker verwoben mit unserem Leben und unseren Familiengeschichten. Denn diese Katastrophe der Weltgeschichte war zugleich eine der Familien. Sucht man nach dem letzten verbindenden Geschehnis, das an jedem Frühstückstisch als Vorwort aller Schicksalserzählungen weitergegeben wird, dann ereignete es sich in diesen Jahren: In jeder Familie gab es Kriegsgefangene, Tote, Täter, Opfer und das Gefühl des Zusammenbruchs und des Neuanfangs. Seit Generationen erzählen Eltern ihren Kindern davon, und das Land vergewissert sich in Gedenkfeiern und umfassenden Erinnerungsbänden alle zehn Jahre der Ereignisse. Dass die Deutschen dieses materielle, moralische und physische Minimum überstanden haben, hat bis weit in die neunziger Jahre zum Selbstbewusstsein des Landes beigetragen. Der Ort dieser Selbstermächtigung war die Familie, und ihre Kraft reichte, im Westen des Landes, von der Wiederherstellung des beschädigten Einzelnen bis zum Wiederaufbau des zerstörten Landes – durch Familien und auch durch Familienunternehmen.

Man redet seither bekanntlich von der Stunde null. Besser wäre es, auf den Temperaturunterschied hinzuweisen. Die Null als die Markierung eines Thermometers, die den Einschnitt in unserer Existenz verdeutlicht. Was vor 1945 geschah, bewegte sich in den Minusgraden des Lebens. Erst das Ende des Krieges verhieß ein Klima, in dem auch wieder soziale Beziehungen, womöglich sogar Kinder gedeihen konnten – es kam einer Erderwärmung nach einer Phase der Kälte gleich. Tatsächlich wurden auch in vielen Reden und Kommentaren aus der damaligen Zeit Bilder des Wachsens und Blühens verwendet.

Bedienten wir uns einer Zeitmaschine, um mit ihr die Kinder und Jugendlichen des Jahres 1945 aufzusuchen, würden wir den Legenden des Wiederaufbaus begegnen, dem intellektuellen und ökonomischen Personal der heutigen Republik und vor allem den Eltern der großen Geburtenjahrgänge der späten fünfziger und sechziger Jahre: Max Grundig ist siebenundzwanzig Jahre alt, Josef Neckermann dreiundzwanzig, Günter Grass achtzehn, Helmut Kohl ist fünfzehn. Auch der Vater des Wirtschaftswunders, Ludwig Erhard, ist mit achtundvierzig Jahren verhältnismäßig jung. Sie alle stehen für den Neubeginn 1945.

Doch es gab auch viele Deutsche, denen die Lage in diesen ersten Nachkriegsjahren zunächst aussichtslos schien; manche fühlten sich in die Freiheit wie in einen Hinterhalt gelockt. Die Angst vor den riesigen entvölkerten Räumen, die die Deutschen seit dem Dreißigjährigen Krieg begleitet hatte, kehrte zurück. Und nicht wenige hatten das Bild eines für Generationen entvölkerten Landes vor Augen, worüber viele zeitgenössische Berichte Zeugnis ablegen.

»Es bleibt dabei«, notierte der Schweizer Schriftsteller Max Frisch im Mai 1946 in seinem Tagebuch, »das Gras, das in den Häusern wächst, der Löwenzahn in den Kirchen, und plötzlich kann man sich vorstellen, wie es weiter wächst, wie sich ein Urwald über unsere Städte zieht, langsam, unaufhaltsam, ein menschenloses Gedeihen, ein Schweigen aus Disteln und Moos, eine geschichtslose Erde, dazu das Zwitschern der Vögel, Frühling, Sommer und Herbst, Atem der Jahre, die niemand mehr zählt.«[18]

Ein Gefühl für den Verlust an sozialem Kapital, für die Entkoppelung von den Mitmenschen noch in der alltäglichsten Begegnung, vermittelt die Tagebucheintragung Ernst Jüngers von Heiligabend 1945: »Wenn man über unsere Landstraßen geht, kann man Gestalten begegnen, wie man sie nie gesehen hat. Es sind die Heimkehrer mit ihrer grauen Aura von allerletztem Leid. Ihnen ist alles zugefügt, was uns von Menschen zugefügt werden, und alles geraubt, was uns von Menschen geraubt werden kann. Sie sind Sendboten von Stätten, an denen zahllose zu Tode geplagt, verhungert, erfroren, geschändet sind. Einem solchen begegnete ich heute bei Beinhorn; sie hatten ihm nur einen grauen Leinenkittel gelassen, durch den der Nordwind pfiff. Er musste von weither kommen und zog, ohne den Blick zu wenden, wie ein Schatten vorbei. Wie kam es, dass ich ihn heute, am Weihnachtstage, nicht ansprechen konnte, wie ich es doch bei so vielen tat? War er so ungeheuer fern?«[19]

In den vergangenen Jahren hat sich die Wahrnehmung von 1945 verändert. Das Jahr steht jetzt – auch in offiziellen Reden – nicht mehr für das Ende, für den Epilog einer Unheilsgeschichte, sondern symbolisiert eher einen Anfang, den Prolog für eine beispiellose Erfolgsgeschichte. Denn obwohl die Welt in Schutt und Asche lag, gelangen Wiederaufbau und Wachstum.

Unsere gegenwärtige Situation ruft ähnliche Assoziationen hervor wie das Jahr 1945: Auch heute muss sich Deutschland um den Wiederaufbau bemühen, aber die Einbruchstelle ist nun die Familie selbst, diejenige Institution, die damals die existenzielle Kraft fand, das Land wieder neu zusammenzusetzen – sollte das, was schon einmal gelang, nicht noch einmal möglich sein? Ohne Zweifel ist es verlockend, in der direkten Nachkriegszeit *den* Referenz- und Hoffnungspunkt unserer jetzigen und künftigen Krisen zu bestimmen – die Selbsterfindung der Deutschen, das allmähliche Auftauen und langsame Erwärmen eines moralisch erkalteten Landes ist zumindest ein faszinierender zivilisatorischer Vorgang. Die Erinnerung an die gemeinsam erlittenen Katastrophen hat etwas von jenem Schlimmer-kann-es-nicht-werden-und-das-haben-wir-auch-überlebt, das Gemeinschaften seit Urzeiten zusammenhält. Denn wenn es uns schlecht geht, muntern wir uns gern damit auf, dass es uns schon einmal schlechter gegangen ist. Auch Staaten tun das. Die Jahre nach 1945 sind unsere

Donner-Pass-Katastrophe, allerdings mit gutem Ausgang: Jeder hatte seine Rolle, jeder half, so gut er konnte, und am Ende stand, zumindest was Westdeutschland anging, ein blitzender, neuer Staat bereit.

Es ist durchaus einleuchtend, sich heute an den Nachkriegsjahren zu orientieren, denn die Parallelen zur Gegenwart sind vorhanden: Gerade in Deutschland war die Familie zu diesem Zeitpunkt aufs Höchste bedroht. Die Menschen lebten nicht nur in Trümmern, viele hatten ihre Heimat und sozialen Bindungen verloren, trauerten um Tote, wussten ihre Väter oder Ehemänner in Kriegsgefangenschaft, litten unter starken Schuldgefühlen. Außerdem empfand sich die Familie, allen zeitgenössischen Berichten zufolge, nicht nur als wirtschaftliches Kleinunternehmen, sondern auch als Produktionsstätte von Werten und Handlungsformen an den Rand gedrängt und im Zustand höchster Demoralisierung. Ein größerer Belastungsdruck ist schwerlich vorstellbar, und es spricht vieles dafür, dass sich zwischen 1945 und 1949 traditionelle Wertvorstellungen über verwandtschaftliche Bündnisse noch einmal dramatisch veränderten.

Schon 1947 äußerten Soziologen auf dem Konstanzer Juristentag große Besorgnis wegen des sich abzeichnenden Zerfalls der Familie, die oft nur durch eine allein erziehende Mutter und deren Kinder repräsentiert wurde.[20] Ein weiteres Anzeichen dafür war die steigende Jugendkriminalität. Solche Krisenkriminalität, zum Teil von den Eltern selber an die Kinder und Jugendlichen delegiert, weil diese mit geringeren Strafen zu rechnen hatten, führte zu einer Kriminalitätsrate, »die teilweise sogar höher lag als die in der Zeit nach dem Ersten Weltkrieg«.[21] Heime waren überfüllt mit vagabundierenden Jugendlichen, Waisen und jungen Straftätern.

Auch die Ehen zerbrachen. Kriegsheimkehrer fanden sich in ihren Familien nicht mehr zurecht, Ehefrauen waren neue Bindungen eingegangen; die Scheidungsraten lagen 1948 doppelt so hoch wie vor dem Krieg. Die »Nichtehelichenquote« verdoppelte sich bis 1950, ähnlich wie nach dem Ersten Weltkrieg. Paare lebten in wilder Ehe, wenngleich dreißig bis vierzig Prozent der damals nichtehelich geborenen Kinder nachträglich durch Heirat legitimiert wurden.[22] Der massive Anstieg so genannter »unvollständiger Familien« wurde noch durch jene Kinder verstärkt, deren Väter Besatzungssoldaten waren – 1946 immerhin ein Sechstel aller Neugeborenen.

Das ist die Lage in der Geburtsstunde der Bundesrepublik, und sie ist – nach damaligen und heutigen Maßstäben gemessen – desaströs. Ein Viertel aller Kinder wuchs ohne Vater auf. Als der Psychoanalytiker Alexander Mitscherlich Anfang der sechziger Jahre das Schlagwort von der »vaterlosen Gesellschaft« aufbrachte, reagierte er damit nicht nur auf die Traumatisierung durch die gefallenen und in Kriegsgefangenschaft geratenen Väter. Die Militärregierungen selbst hatten eine Pädagogik der »Entväterlichung« betrieben. In den patriarchalischen Strukturen der Familien glaubten sie einen Baustein deutscher Untertanenmentalität gefunden zu haben, verkannten aber, dass die Auflösung von Familien und ihrer von außen nur schwer zu kontrollierenden Loyalitäten das erklärte Ziel der Nationalsozialisten gewesen war.

Viele Mütter gerieten in Notlagen und wurden, wie bereits nach dem Ersten Weltkrieg, kriminell, »wobei die geschiedenen und verwitweten Frauen, denen es am schlechtesten ging, erheblich überrepräsentiert waren«.[23] Es überrascht nicht, dass damals der allgemeine Werteverfall der bürgerlichen Gesellschaft prognostiziert wurde. Doch durch die allmähliche Entspannung der Lage Anfang der fünfziger Jahre, das Absinken von »Unordnung und frühem Leid«, das sich auch im Rückgang der Kriminalitätsrate und dem Anstieg der Eheschließungen manifestierte, kam der Glaube an die Familie nicht nur zurück – durch die Erfahrungen der Vergangenheit verstärkte er sich offenbar.

Viele Kinder und Jugendliche waren durch das Erleben von Krieg und Nachkrieg, auch durch die Abwesenheit der von den Militärregierungen oft nachhaltig moralisch beschuldigten Väter schon frühzeitig erwachsen geworden. Sie waren, wie man der einschlägigen pädagogischen Literatur entnehmen kann, skeptisch, frech, nüchtern und enorm flexibel. Gleichzeitig aber wollten sie nicht nur die Chance zum sozialen Aufstieg nutzen; sie waren auch überzeugt, dass sie sich durchsetzen würden. Sieht man sich die Schulzeugnisse jener Zeit an, so hat man das Gefühl eines geradezu entfesselten Ehrgeizes, der darauf zielte, die freien Positionen in der Gesellschaft so schnell wie möglich zu erobern.

Das traf auch für die deutschen Heimatvertriebenen zu. Der Integrationsprozess der Flüchtlinge – die in einigen Gebieten ähnlich unbeliebt waren wie heutige Einwanderer – war mit dem Willen und der Chance zur gesellschaftlichen Karriere verbunden. An ihnen lässt sich ablesen, welche Dynamik eine ehrgeizige Zuwanderung auslösen kann – vorausgesetzt, man ist zur Integration bereit. Heutzutage haben viele Deutsche noch kein Bewusstsein dafür entwickelt, wie sehr ihre eigene Zukunft von der Integration der hier lebenden Einwanderer und deren gesellschaftlichem Ehrgeiz abhängen wird.

Damals freilich gab es kein Integrationsproblem: Die Vertriebenen waren Deutsche und zahlten sowohl in der sowjetisch besetzten Zone wie im Westen die offene Rechnung des Krieges – und durch den Verlust der Heimat mehr als die meisten anderen Deutschen. In Westdeutschland wurde daraus eine Erfolgsgeschichte. »Wie Schuluntersuchungen nachwiesen«, schreibt die Historikerin Barbara Willenbacher, »waren die Kinder und Jugendlichen bemüht, durch Anpassung, Schulkonformität und gute Schulleistungen ihre Chancen für einen sozialen Aufstieg zu verbessern. Insbesondere die Kinder von Vertriebenen taten sich durch überdurchschnittliche Leistungen hervor. Gleichzeitig zeigten sich bei Kindern aus unvollständigen Familien trotz der schlechten Lebensbedingungen keine negativen Auswirkungen weder in den Schulleistungen noch bei der Ausbildung. Auch der Vaterverlust wurde von den Kindern und Jugendlichen selten als prägendes Erlebnis geschildert. Kinder und Jugendliche aus der Mittelschicht zeigten dieselben Anpassungsleistungen wie proletarische Kinder in der Depressionszeit. Selbst die arbeitslosen Jugendlichen wiesen zur Verwunderung der Untersuchenden kaum Anzeichen von Verbitterung oder Hoffnungslosigkeit auf.«[24]

Bis heute werden diese Vorgänge »Wunder« genannt. Helmut Schelsky hat, um die Lage zu charakterisieren, die damaligen Deutschen eine »Schicksalsgemeinschaft« genannt. Mit Blick auf den Einbruch der Geburtenraten und die kritische demographische Lage des Landes ist dieses

Wort in letzter Zeit wieder in Umlauf gekommen. Die Schicksalsgemeinschaft der Jahre 1945 bis 1949 war nicht der Staat – den es nicht gab –, sondern die Familien. Man könnte meinen, dass heute, da es uns wirtschaftlich und sozial wesentlich besser geht als in den Nachkriegsjahren, der Funke überspringen müsste, der damals übersprang. Aber davon sind wir weit entfernt, und der entscheidende Grund dafür liegt in der veränderten Bevölkerungsstruktur. So düster und lebensfeindlich uns das Jahr 1945 vorkommen mag – aus demographischer Sicht, und das heißt: auch aus der Sicht der damals lebenden jüngeren Generation, sieht das ganz anders aus. Die Gesellschaft, in der die Grundigs und Neckermanns ihre Erfolge feierten, in der Günter Grass und Hans Magnus Enzensberger erwachsen wurden und in der die künftigen Eltern der Babyboomer die Schulbank drückten, war außerordentlich dynamisch. Die Nachkriegszeit war nicht die Zeit der Familie allein, sondern die Zeit der wachsenden Familie, die Zeit der Kinder.

Der Demograph Massimo Livi-Bacci hat für dieses Epochenjahr festgestellt: »1945 setzte dem Schrecken des Zweiten Weltkriegs ein Ende. Viele Millionen junger Menschen waren im Krieg gestorben; in Europa und Japan war die Geburtenrate auf ein Minimum gesunken. Die Verluste konnten vor allem bei jungen Männern verzeichnet werden – deshalb kalkuliere ich lediglich das Kinder-zu-Erwachsenen-Verhältnis der weiblichen Bevölkerung. Dieses Verhältnis errechnet sich aus den relativ wenigen Geburten in den frühen vierziger Jahren und deren Müttern, die den Jahrgängen zwischen 1910 und 1915 angehören (...). Das Verhältnis zwischen Kindern und Erwachsenen wird also zu einem Zeitpunkt extremer demographischer Schwäche des Westens bestimmt. Und dennoch beträgt es für die zehn untersuchten Länder hundertsechzehn (neunundvierzig Prozent höher als im Jahre 2000), mit einem Maximum von hundertachtundsiebzig für Japan und einem Minimum von sechsundachtzig für Deutschland (siehe die Tabelle, die 1945 mit dem Jahr 2000 vergleicht). Man kann sagen, dass diese relativ günstige demographische Ausgangslage der Grund für den raschen wirtschaftlichen Wiederaufstieg Europas war.«[25]

Die im Geburtenboom zwischen 1955 und 1970 Geborenen – und das ist die meinungsbildende Mehrheit der heute

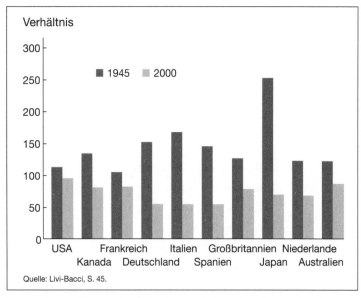

Die Säulengrafik zeigt das Verhältnis zwischen den Kindern im Alter von null bis vier Jahren und der Elterngeneration, den Erwachsenen zwischen dreißig und vierunddreißig, in den zehn reichsten Ländern der Welt, 1945 und 2000.

in Deutschland lebenden Frauen und Männer – haben das Wachstum des Landes als ihr eigenes Wachstum erlebt. Sie sind schon als Kinder dadurch geprägt worden, dass sie nicht nur mit jedem neuen Geburtstag mehr konnten und wussten und erlebten, sondern dass auch das Land immer weiter gedieh, wuchs und blühte, bis es, in der Ära von Helmut Schmidt, als ökonomisches und soziales Vorbild für Europa, als »Modell Deutschland«, galt.

Die Idee, dass wirtschaftliche Steigerungsraten und politische Erfolge sich unmittelbar in das jetzt gelebte Leben übersetzen – ohne Gedanken an die Zukunft –, stammt aus dieser Prägezeit der späten sechziger bis frühen neunziger Jahre. Das Größer- und Erwachsenwerden der Kinder vollzog sich in einer Gesellschaft, die selber immer größer und erwachsener wurde und sich des »Wunders« dieses Vorgangs auch völlig bewusst war. Das wirtschaftliche, soziale und individuelle Selbstbewusstsein musste sich diese Generation nicht erkämpfen, es wurde Wohlstandsanteil.

Damals, von den fünfziger Jahren bis Anfang der Siebziger, herrschte das »Goldene Zeitalter« der Familie. Einhundert Frauen des Jahrgangs 1935 brachten zweihundertsechzehn Kinder auf die Welt. Von denen kamen siebzig aus Familien mit vier und mehr Kindern und sechzig aus Familien mit drei Kindern. Ebenso viele Frauen des Geburtsjahrgangs 1945 gebaren noch hundertneunundsiebzig Babys, von denen siebenunddreißig aus Vier- oder Mehrkinderfamilien kamen und zweiundvierzig aus Dreikinderfamilien.

Die Übereinstimmung der körperlichen und geistigen Entwicklung der zwischen 1950 und 1970 Geborenen mit der

Fertilität der Geburtsjahrgänge 1935 bis 1960

	Geburtskohorten					
	1934	1940	1945	1950	1955	1960
Frauenanteil mit x Kindern pro 100 Frauen						
%-Anteil der kinderlosen Frauen	9	11	13	15	22	26
%-Anteil der Frauen mit einem Kind	26	26	30	30	25	22
%-Anteil der Frauen mit zwei Kindern	30	34	35	34	33	31
%-Anteil der Frauen mit drei Kindern	20	19	14	13	13	12
%-Anteil der Frauen mit vier und mehr Kindern	15	10	8	7	6	8
Summe	**100**	**100**	**100**	**100**	**100**	**100**
Kinderzahlen						
1 Kind	26	26	30	30	25	22
2 Kinder	60	69	70	68	66	65
3 Kinder	60	57	42	39	39	37
4 und mehr Kinder	70	47	37	35	37	41
Summe	**216**	**198**	**179**	**172**	**167**	**165**

Quelle: Bertram, S. 46.

Entwicklung des Landes ist nicht sinnbildlich, sie ist real. Als diese Generation erwachsen geworden war – beginnend mit den siebziger Jahren –, erhielt sie und mit ihr das Land eine unverdiente Prämie, die in den Achtzigern und Neunzigern den Wohlstand sicherte. Die Kinder waren nunmehr Erwachsene und kosteten ihre Eltern und den Staat kein Geld mehr. Da aber immer weniger Kinder nachkamen und gleichzeitig, wegen der Opfer der zwei Weltkriege, die Gruppe der Älteren klein und überschaubar war, sparte die Gesellschaft Kosten ein – zum Beispiel für Kindergärten und Schulen –, und zwar, ohne recht zu merken, warum. Tragischerweise glaubten die Deutschen damals, *sie selber* hätten diesen Aufschwung verursacht. In Wahrheit profitierten sie nur davon, dass sie die vorgeblich unerschöpflichen Tanks der Zukunft anzapften.

Die Deutschen legten den Überschuss nicht zurück, obwohl beispielsweise die Vereinten Nationen ihnen dies dringend geraten hatten. Stattdessen verbrauchten sie alles; sie hatten kürzere Arbeitszeiten, längere Urlaube, höhere Tarifabschlüsse. All das führte in Westdeutschland zu einem enormen Anstieg von Rechtsansprüchen an die Zukunft. Gleichzeitig wuchs in den Jahren zwischen 1970 und 1990 das Vertrauen in den Wohlfahrtsstaat.

Damals wurde trotz allen Streites, trotz Kritik und ewiger Wut der paradoxe Glaube an einen geradezu altruistischen, also uneigennützigen Staat geboren. Zentral war dabei die Vision vom schicksalslosen Bürger. Nach zwei Weltkriegen und einer Inflation sollte er niemals wieder auf den absoluten Nullpunkt seiner Existenz zurückgeworfen werden. So wurde in den vergangenen zwanzig Jahren einzig und allein in die Verdrängung investiert: *Moralisch* lebten die Deutschen im Absoluten (»Nie wieder!«). Auch die Frage, wie viele Kinder eine Mutter haben sollte, stand im Schatten des Dritten Reichs. *Materiell* hingegen lebte diese Gesellschaft im Futurum, in der faszinierenden Freiheit einer ausgeliehenen Zeit.

Konsequent finden sich seit Ende der Siebziger die Versuche, das Land in der »Wirklichkeit«, »Gegenwart« oder »Realität« ankommen zu lassen; sei es in der Publizistik, sei es in der Realpolitik eines Helmut Schmidt.

Das Gefühl, mit dem Wachstum der Gesellschaft geradezu körperlich verwoben gewesen zu sein, erklärt das Ausmaß des gegenwärtigen Schmerzes: Es ist, als wäre man aus dem Elternhaus verstoßen worden, als wäre man verlassen worden, als hätte die Familie ihre Urgarantie gebrochen, einen aufzunehmen, wenn kein anderer da ist. Doch der Staat ist nicht nur ausdauernder, mächtiger und eisiger als der Einzelne; die Menschen selbst waren es, die schlichtweg vergessen haben, dass man, wenn es ernst wird, nur von Menschen gerettet und aufgenommen werden kann, und zwar, wie alle Erfahrung lehrt, meist von jenen, mit denen einen die unauflöslichen Bande der Familie verbinden.

Heute befinden wir uns in einer Situation, die seitenverkehrt zu sein scheint, so als wäre alle Aufbrucherfahrung der Nachkriegszeit in Spiegelschrift geschrieben. Die Menschen, die der Familie entgehen wollten, finden sich nun ganz unvorbereitet, wie Alice im Wunderland, in geradezu surreal anmutende Familiensysteme zurückversetzt. Während wir in unseren Köpfen noch die Familienstrukturen der Playmobil-Welt tragen, jenes Spielzeugs, das 1974 seinen Siegeszug angetreten hat (und zwar in dem Augenblick, als die alten Familienvorstellungen allmählich erloschen und Geburtenraten zum ersten Mal deutlich sanken), sind nun Menschen mit fast siebzig Jahren als Kinder ihrer noch lebenden Eltern unterwegs. Das wäre nicht schlimm, wenn ein Drittel von ihnen nicht gänzlich ohne Enkel bliebe.

Unsere Verwandtschaftsverhältnisse werden immer mehr zu Mehrgenerationenverhältnissen, das hat Peter Uhlenberg ausführlich dargelegt. Eine Welt, in der wir siebzig Jahre Kinder sind und in der gleichzeitig die Ressource Kind schwindet, ist so ungewöhnlich, dass uns dafür im Augenblick noch die Begrifflichkeiten fehlen. Im Vergleich: Für die Generation der Menschen, die um 1900 geboren wurden, lag das Risiko, vor dem achtzehnten Lebensjahr Vollwaise zu werden, bei achtzehn Prozent. Jetzt können achtundsechzig Prozent der unter Achtzehnjährigen damit rechnen, dass alle vier Großeltern noch leben.[26]

Man kann diesen neuen Beziehungsreichtum rühmen, und es spricht in der Tat einiges dafür, dass er wirklich zu einem bislang völlig unbekannten emotionalen und geistigen Austausch nicht nur zwischen den Generationen, sondern auch zwischen den durch sie repräsentierten Zeitaltern führen kann.

Doch diese Familien werden angesichts der demographischen Krise und der Havarie der Renten- und Sozialsysteme auf die Urform der Gemeinschaft zurückgeworfen werden – sie werden eine Schicksalsgemeinschaft bilden müssen. Während die Zahl zeitgleich lebender Generationen zunehmen wird, nimmt die absolute Zahl von Angehörigen ab. Und es wird in den kommenden Jahren viele Familien geben, in denen das jüngste Mitglied bereits jenseits der vierzig ist und selbst keinen Nachwuchs hat. Früher wären diese Söhne oder Töchter mit dem Erwachsensein aus der Familie ausgetreten, um ihre eigene Familie zu gründen. Jetzt müssen sie in ihre alte Familie zurück, ohne eine eigene gegründet zu haben. Das ist der entscheidende Unterschied zur Nachkriegszeit: Familie setzt sich zunehmend nicht mehr aus Eltern zusammen, die sich um ihre Kinder, sondern bestenfalls aus Kindern, die sich um ihre Eltern kümmern.

Schicksalsgemeinschaft: Es ist kein Zufall, dass dieser Begriff, der zuletzt vom Bundesverfassungsgericht für die Deutschen des Jahres 1945 benutzt wurde, jetzt in den Sprachgebrauch zurückgekehrt ist.[27] Der Verfassungsrichter Udo di Fabio schreibt: »Wer nur Beiträge in ein umlagefinanziertes System einzahlt, darf womöglich im Hinblick auf die Höhe späterer Leistung kein allzu großes Vertrauen bilden, wenn er darüber hinaus nichts zum Fortbestand des Systems beigetragen hat.«[28]

Dieser Satz, so abstrakt er formuliert scheint, ist wie das Konzentrat aller Verstoßungs- und Vereinsamungsängste einer Gesellschaft, die vergessen hat, dass Nachwuchs *den* Urvertrag einer Gesellschaft schlechthin konstituiert; wo das nicht geschieht, empfiehlt einer der obersten Richter »kein allzu großes Vertrauen in die angemessene staatliche Versorgung im Alter zu bilden«. Positiv formuliert ist dies der wohl begründete Ratschlag, der staatlich-paternalistischen Versorgung Misstrauen entgegenzubringen. Und zwar mit Grund: Die alleinigen Träger des Generationenvertrags, die Eltern »und in erster Linie die Mütter, sind in diesem ›Vertrag‹ nicht oder kaum aus eigenem Recht beteiligt«.[29] So hat es Paul Kirchhof formuliert und auf dem »Skandal« dieses Zustands bestanden: »Der Staat organisiert die sozialstaatliche Errungenschaft einer Sicherung in Alter und Krise für alle – auch die kinderlosen – Erwerbstätigen, zwingt aber die Kinder, die eigenen Eltern, die ihnen Erziehungsleistung und Erziehungsaufwand zugewandt haben, leer ausgehen zu lassen.«[30]

Man muss sich diese juristische Terminologie in einfache Sprache übersetzen, um zu begreifen, dass hier von Elementargewalten die Rede ist: von Müttern, die faktisch betrogen werden, von Eltern, deren Lebensvertrag mit dem Staat eher etwas von Haustürgeschäften hat, und von Kindern, die man *zwingt*, ihre Eltern leer ausgehen zu lassen.

Das ist der Stoff, aus dem die großen Dramen geschrieben werden. Wer am Donner-Pass erlebte, wozu Familien in der Not fähig sind, kann nicht glauben, dass die Sache so, wie sie heute steht, gut ausgehen wird.

Wo gibt es Vertrauen? Die Menschen einer schrumpfenden und alternden Gesellschaft werden lang vergessene Verbündete brauchen; Vertrauen, Uneigennützigkeit, Altruismus und Solidarität werden keine Worthülsen mehr sein, sondern begehrte, zum Teil sogar in Geld und Kredite ummünzbare Werte. »In einer Welt des Verlustes (hat) die Familie den Wert des einzigen und aus eigener Kraft geretteten Gutes«, schrieb Helmut Schelsky mit Blick auf die unmittelbare Nachkriegszeit.[31] Dieses Gut wurde umso überflüssiger, je mehr das Gefühl des Entronnenseins schwand. Schließlich vergaß man nicht nur, dass Familien einen radikal realistischen Sinn haben, man vergaß auch, dass die gefahrlose und in allem versorgte Welt des alten Europa ein kurzfristiger Ausnahmetatbestand der Geschichte war.

Das war ein Fehler. Man hätte sich an fünf Fingern ausrechnen können, dass die Lage wieder ernst werden würde. Das unvergleichliche Wunder der Überlebensfabrik Familie zeigt sich nämlich erst dann, wenn es ernst wird.

Rollenspiele

Wer rettet wen?

Dreitausend Urlauber, manche in Gruppen, manche allein, genießen die frühe Abendstunde in dem gewaltigen Hotelkomplex. Summerland ist die Attraktion der Isle of Man. Bei der Eröffnung im Jahre 1971 wurde es als das größte Vergnügungszentrum gefeiert, das bis dahin gebaut worden war. Schon von ferne sieht man die mehr als dreißig Meter hohe Betonburg. Sie beherbergt Restaurants, Bars, zwei Schwimmbäder und eine Sauna mit Liegehalle. An jenem Tag im August 1973 finden zwei kleine Jungen draußen, vor einem leer stehenden Kiosk, eine Streichholzschachtel. Das war um 19.20 Uhr. Zehn Minuten später haben sie sich Zigaretten angesteckt und rauchen.

Drinnen, im Hotel, herrscht das unkalkulierbare Gewoge und Gewiege von Menschen. Manche Gäste stehen an der Bar, andere schwimmen im Pool, eine kleine Gruppe von Männern gerät in Streit, ein Kind sucht seine Eltern. Von außen betrachtet, hätte man über die Beziehungen zwischen diesen Menschen nichts aussagen können. Doch zwischen den meisten existierten unsichtbare Verbindungen, viele verbrachten hier ihre Ferien mit Freunden oder mit ihren Familien; nur einige wenige waren allein in die Ferienanlage gekommen.

Um 19.40 Uhr steht der in ein Baugerüst eingekleidete

Kiosk, hinter dem die beiden Jungen geraucht haben, in Flammen. Kurz darauf brennt bereits der Eingang des gegenüberliegenden Hauses, das direkt an die Liegehalle grenzt. Mittlerweile haben die Angestellten das Feuer bemerkt. In den folgenden zwanzig Minuten versuchen sie, den Brand zu löschen. Wie die Crew der Titanic glauben sie, dass dabei Hilfe nicht vonnöten ist. Statt Alarm auszulösen und die Feuerwehr zu rufen, werden die Besucher der Liegehalle über Lautsprecher beruhigt und aufgefordert, die spürbare Unruhe einfach zu ignorieren.

Um 20.01 Uhr meldet ein aufgeregter Taxifahrer der Notrufzentrale, dass auf dem Gelände von Summerland riesige Rauchsäulen in den Himmel steigen. Zur selben Zeit ereignet sich in der Liegehalle eine Explosion, Flammen rasen mit der Gewalt eines Tornados in das Gebäude.

Die Kamerateams der BBC, die um 20.20 Uhr den Ort des Geschehens erreichen und von den flüchtenden Menschenmassen fast umgerannt werden, filmen, wie das Feuer vor ihren Augen immer schneller wächst und die sich ständig verändernden Windverhältnisse eine Art feuriges Labyrinth schaffen, durch das die Menschen flüchten. In der Mitte brennt das Hotel, ein von Flammen und Rauch verhüllter Betonklotz. Merkwürdigerweise bleiben einige Flüchtende trotz Lebensgefahr stehen, andere scheinen umkehren zu wollen. Manche rennen nicht, sondern müssen aus dem in Flammen aufgehenden Gebäude herausgezerrt werden, andere laufen offenbar im Zustande völliger Angst und Verwirrung sinnlos umher. Aus dem Gewiege und Gewoge der Menschen ist ein Mahlstrom geworden.

Als alles vorbei war, verzeichnete die bis heute unvollständige Bilanz dieser Brandkatastrophe – die größte in

Großbritannien seit Ende des Zweiten Weltkriegs – mindestens einundfünfzig Tote und viele hundert Verletzte.

So schrecklich dieses Unglück war – es wäre doch nur eines unter vielen gewesen, wenn sich nicht einige Jahre danach Jonathan Sime mit den Vorgängen im Innern des brennenden Kolosses befasst hätte. Sime ist Psychologe und forscht über das menschliche Verhalten in Krisensituationen. Eigentlich wollte er nur eine Abhandlung über Fluchtwege schreiben, ein Thema, das für Behörden und Architekten von Interesse und Nutzen ist. Jedenfalls las er jeden Bericht über das Chaos an jenem furchtbaren Abend, verglich die Aussagen von hundertachtundvierzig Überlebenden, die zum Zeitpunkt des Brandes in der Liegehalle waren und es von dort nach draußen geschafft hatten.

Wäre schon um 20.01 Uhr eine Kamera auf die Ereignisse gerichtet gewesen, und hätte diese Kamera die Sekunden aufgenommen, ehe sich die Flammen in die Liegehalle fraßen, wären nur Einzelpersonen ohne Zentrum erfasst worden. Selbst viele Kinder befanden sich in diesem Augenblick weit entfernt von ihren Eltern, sodass niemand hätte erkennen können, wer zu wem gehörte, wer mit wem gekommen war, wer mit wem verbunden war. Es hätte die Ruhe des Ferienalltags geherrscht. Die Hotelangestellten hatten ja bereits alle beruhigt.

Die Aufnahmen, die nur wenige Minuten später gemacht wurden – nun war das Chaos schon ausgebrochen –, zeigen ein anderes Bild: ein Verhaltensmuster, das allerdings erst Jonathan Sime entschlüsselt hat. Ihm wurde klar, was sich *wirklich* abgespielt hatte.

Bevor Sime seine Untersuchungsergebnisse publizierte, hatte man geglaubt, dass eine Panik verbunden ist mit totaler Desorientierung, dass Feuer und Rauch zwangsläufig zum Kampf des Einzelnen und auch zum Recht des Stärkeren führen. Gemäß dieser Theorie hätten die Feriengäste auf dem schnellsten Weg sofort entsetzt fliehen müssen. Doch Sime stellte fest, dass die Katastrophe plötzlich uralte Vertragsverhältnisse in Kraft gesetzt hatte. Unter den Familien brach die Panik zunächst gar nicht aus. Stattdessen begannen sie, sich in Windeseile und mit enormer Effizienz zu organisieren. Sie versuchten alles, um einander im Tumult nicht zu verlieren und gemeinsam zu flüchten. Hätte man dergleichen vielleicht noch erwartet, so verblüffte die Selbstverständlichkeit, mit der die Freundesgruppen ebendies *nicht* getan hatten. Siebenundsechzig Prozent der Familien hatten sich gemeinsam gerettet, aber nur ein Viertel der Freunde war zusammengeblieben.

Was sogar noch bemerkenswerter war: Die Familien, die zum Zeitpunkt der Katastrophe aus irgendwelchen Gründen getrennt gewesen waren, hatten offenbar alles darangesetzt, alle Mitglieder trotz des unbeschreiblichen Chaos wieder zu finden – um jeden Preis, denn manche waren sogar in andere Teile des Gebäudes gerannt. Auch die Hälfte der dreißig Familien, die im Augenblick des Unglücks über die große Liegehalle verstreut gewesen waren, hatte sich gesucht und gefunden. Die Familien hatten es geschafft, als vollständige Gruppen bis zum Ausgang zu gelangen.

Und was war mit den Freunden? Von den neunzehn Freundesgruppen, die zum Zeitpunkt des Feuerausbruchs getrennt waren, hatte sich keine einzige Gruppe vor der Flucht zusammengesucht. Die Katastrophe hatte Bindungen, die vorher fester schienen als manches Familienverhältnis, in Sekunden gekappt. Aus Freunden waren Einzelkämpfer geworden, die sich in alle Himmelsrichtungen verstreuten, aus Familien sich blitzschnell ordnende Rettungskonvois.

»Die Resultate zeigen«, so schrieb Sime später in seiner Untersuchung, »dass in einer ausweglosen Situation, in der nach der Panik-Theorie ein vollständiger Zusammenbruch aller psychischen Bindungen vorhergesagt wurde, es dennoch der Hälfte der Menschen gelang, mit ihrer Familie zu fliehen. Die weitere Analyse zeigt, dass dreiundsiebzig Prozent mit einem oder mehreren Gruppenmitgliedern fliehen konnten und dass die Mehrheit dieser Gruppenmitglieder Familienmitglieder waren.«[32]

In anderen Teilen des Gebäudes hatte sich gezeigt, wie altruistisch dieses Verhalten war – und dass es einen Preis kosten konnte, den Freunde nur sehr selten zu zahlen bereit sind. Es gab Familien, die aus Rücksicht auf das langsamste Mitglied zu spät am Ausgang angekommen waren. Sie hatten ihr Leben aufs Spiel gesetzt – und zum Teil auch gelassen –, um alle mitzunehmen. Doch nicht nur das: Schon die Bereitschaft, in der Gefahr eine Gemeinschaft zu bilden, die anderen zu suchen und sich mit ihnen über die Situation zu verständigen, war angesichts dieser Lage ein selbstloser Akt. Denn anders als die Einzelpersonen, die schon beim Geruch von Feuer sofort gehandelt hatten, mussten viele Familien erst einmal miteinander kommunizieren; sie mussten die Gefahr definieren, Schlüsse ziehen und alle Mitglieder davon informieren. Das musste schnell gehen und auch für den Ältesten und den Jüngsten auf Anhieb verständlich sein. Es waren dann auch die Familien, die statt der ungewohnten Notausgänge, durch die vorwiegend die Einzelgänger flohen, über die normalen Eingänge den Weg ins Freie gesucht hatten.

Sime gab diese Erkenntnisse weiter als Anregung für künftige »Panik-Architektur«: Fluchtwege müssen schon vor einem Notfall regelmäßig benutzt werden.

Die Schwäche der Familien hatte in der Langsamkeit bestanden, mit der sie auf den Schlüsselreiz reagiert hatten. Ihre Stärke war hingegen, dass jeder Einzelne sich darauf verlassen konnte, mitgenommen zu werden. Die Schwäche der Freundesgruppe war es, dass sie alle zu Einzelkämpfern wurden. Ihre Stärke, dass sie nach unorthodoxen Fluchtwegen gesucht und diese auch gefunden hatten.

Man muss den anscheinenden Nachteil der Familien – dass sie etwas langsamer vorankommen als die anderen – aus der Perspektive des einzelnen Familienmitglieds sehen. Es *weiß*, dass es ihm nicht wie dem armen, müde gewordenen Hardkoop auf dem Donner-Pass ergehen wird, der zurückgelassen wurde, weil er die Gruppe gefährdete. In jedem Familienmitglied lebt ein Vertrauen aus Urzeiten: Was immer geschieht, man wird nicht im Stich gelassen. Das ist auch der Grund dafür, warum die Familien besonnen blieben. Zur Panik kam es erst, als die Massen vor den verbauten Ausgängen standen und der Fluchtweg versperrt war.

Die Produktionsstätte dieses Vertrauens ist die Familie selbst. Die Familie muss nicht vollständig und auch nicht intakt sein, sie kann aus Mutter mit Kind oder aus Großvater mit Enkeln bestehen. Sie muss in besonderen Fällen, wie Antoine de Saint-Exupéry nach einem Flugzeugabsturz schilderte, noch nicht einmal physisch vorhanden sein, um dem Einzelnen die Sicherheit zu geben, dass er durchkommen wird.

Die Kameras und die Reporter der BBC konnten dieses

Verhaltensmuster in den flüchtenden Massen nicht erkennen. Aber unbewusst teilte es sich dem Land noch am selben Abend mit. Die Spätnachrichten hatten erste Zeugnisse gesendet, von Menschen, die auseinander gerissen worden waren und sich wieder gefunden hatten. Die bewegendsten Statements gaben Familien, schockiert über diese Tragödie und zugleich ergriffen, weil sie nicht zurückgelassen worden waren. Oder, in den Worten von Nicholas Eberstadt: Familien müssen uns aufnehmen, wenn es kein anderer tut.

Die wenigsten von uns haben bisher aus brennenden Häusern fliehen und damit von dem familiären Hilfsangebot Gebrauch machen müssen; die statistische Wahrscheinlichkeit, ein katastrophales Unglück im Ausmaß von Summerland zu erleben, ist in der modernen Gesellschaft glücklicherweise gering. Doch bei Krisen innerer Art, die für den Einzelnen zuweilen so lebensbedrohlich sein können wie die äußeren, springt der Rettungstrupp spontan ein. Bei seelischen Problemen – das belegen alle Untersuchungen – suchen die meisten Menschen Schutz und Trost zuerst in ihrer Familie. Dort zählen andere Kategorien in Glück wie Unglück und eine andere Form der Anteilnahme. Die beginnt schon beim Mitleid. Mitleid, schreibt Aristoteles in der *Rhetorik*, hat man nicht mit Verwandten, denn wenn dem eigenen Kind oder den Eltern etwas geschieht, ist man entsetzt und nicht mit Mitgefühl erfüllt.

Die Evolutionspsychologie, die sich mit der Frage befasst, wie Lebewesen miteinander auskommen, bedient sich für die uneigennützig und freiwillig geleistete Hilfe des Begriffs Altruismus – Selbstlosigkeit. Es gibt eine bis heute unentschiedene Debatte darüber, ob es sich dabei wirklich um uneingeschränkte Selbstlosigkeit handelt, wenn Verwandte zueinander stehen, denn sie schützen damit ja ihr Erbgut, handeln also eigentlich im eigenen Interesse.[33] Sicher hingegen ist, dass unsere Gesellschaft zwischen den verschiedenen Arten der Selbstlosigkeit präzise unterscheidet: ob sie Fremden und Freunden entgegengebracht wird oder der Familie.

Die Carnegie Hero Fund Commission beispielsweise ist eine sehr ehrwürdige Organisation amerikanischer Wohltätigkeit und so etwas wie das Zentrum der institutionalisierten Selbstlosigkeit. Sie residiert seit mehr als hundert Jahren in Pittsburgh. Ihre Aufgabe ist es, wie es in für uns ungebräuchlichem Pathos heißt, »Helden der Zivilisation« zu finden und auszuzeichnen. Es sollen Menschen sein, die ihr Leben uneigennützig für andere riskiert haben, und einige sind dabei sogar umgekommen – Vorbilder der Aufopferung.

Die Carnegie Hero Fund Commission verbindet die Auszeichnungen nicht nur mit einer schönen Trophäe, sondern auch mit einer beträchtlichen Geldsumme. Heldentum, so der Mäzen Andrew Carnegie, sei spontan, er glaube nicht, dass man Anreize für heldenhaftes Verhalten schaffen könne; aber die, die sich für andere in Gefahr brächten, sollten wenigstens keinen finanziellen Schaden davontragen.

Trotz einer mehr als hundertjährigen Debatte über fortschreitenden Egoismus und Verschwinden des Altruismus: An Helden hat bisher kein Mangel geherrscht. Der Kommission gelingt es noch jedes Jahr, Heroen des Alltags zu nominieren. Auf der Webseite der Stiftung kann man sie sich anschauen. Seit der feierlichen Gründung am 15. April 1904 sind fast neuntausend Menschen für ihren Mut und ihren Charakter gefeiert worden, ein Querschnitt durch alle Schichten der Gesellschaft, Menschen wie du und ich. Nur ein Aspekt hält von der Belohnung ab: Unter den Preisträgern gibt es kaum einen, der dafür geehrt wurde, dass er seinen Verwandten geholfen hatte.

Das liegt nicht an den Heroen, den Familien oder an den misslaunigen Preisrichtern, sondern an Andrew Carnegie selbst. Ausdrücklich hatte er die Auszeichnung der Selbstlosigkeit, die Verwandten gegenüber gezeigt wird, untersagt. Sie sei weder überraschend, noch bedürfe sie einer Ermutigung, vielmehr gehöre sie ohnehin zum Lebensalltag. Nur einige wenige Ausnahmen gibt es. Dabei handelt es sich um tragische Fälle absoluter Selbstaufopferung, bei denen die Hilfe das eigene Leben gekostet hatte, wie bei jenem Elternpaar, das starb, als es seine Kinder aus einem brennenden Haus retten wollte.

Und trotzdem, warum sollte nur der Altruismus belohnt werden, der sich auf Fremde bezieht? In ihrer grundlegen-

Abb. 1 Armen entfernten Verwandten wird in alltäglichen Situationen eher geholfen als in einmaligen Katastrophensituationen, reichen Verwandten in einmaligen Katastrophensituationen eher als im Alltag.[34]

Abb. 2 Auch bei der Hilfe unter Verwandten gibt es Unterschiede. Der Helfer unterscheidet zwischen Katastrophen- und Alltagssituationen. Je entfernter der Verwandte, desto weniger selbstverständlich wird die Hilfe vor allem in Katastrophensituationen. Auch in Alltagssituationen ist der Helfer eher bereit, dem entfernten Verwandten oder Freund zu helfen, statt dem nahen Verwandten. Das hat damit zu tun, dass enge Verwandte anders als Freunde nicht auf einer ausgewogenen Bilanz zwischen Geben und Nehmen bestehen.[35]

Abb. 3 Die Art, wie wir Verwandtschaft wahrnehmen, entscheidet über unsere Hilfsbereitschaft. Freunde rangieren noch unter der Stief- oder Halbverwandtschaft.[36]

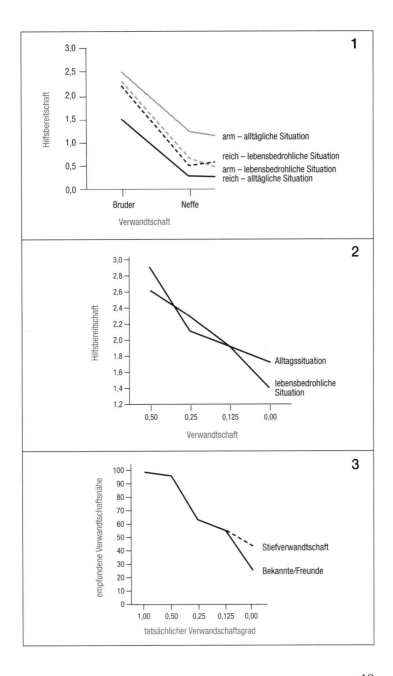

den Studie zu altruistischem Verhalten haben Eugene Burnstein, Christian Crandall und Shinobu Kitayama genau diese Frage gestellt: »Auf den ersten Blick«, so heißt es, »wirkt der Ausschluss von Verwandten verwirrend. Wenn die Carnegie-Kommission, die sich der Anerkennung heroischen Verhaltens verschrieben hat, all jene ausschließen würde, die ein bestimmtes Geschlecht oder eine bestimmte Nationalität haben, würde man den Stiftungszweck sehr infrage stellen. Warum ist eine Diskriminierung von Verwandten akzeptabel? Weil offenbar auch die Stiftung erkannt hat, dass das Schicksal von Nachwuchs, Geschwistern und Eltern für Menschen bedeutsamer ist als das von Bekannten oder Fremden.«[37]

Doch das, was so selbstverständlich ist, dass es noch nicht einmal einer Erwähnung bedarf, wird zur schrumpfenden Ressource, je weniger Menschen daran denken, sich selbst durch Nachwuchs als Familie zu begründen.

Jede Gesellschaft braucht einen bestimmten Anteil dieses verwandtschaftlichen Altruismus – Menschen, von denen man weiß, dass sie im Zweifelsfall bereit sind, bis zum Äußersten mit ihrer Hilfe zu gehen. Hätte es in Summerland nur lockere Freundesgruppen und Einzelpersonen gegeben, wäre die Anzahl der Todesopfer viel höher gewesen.

Wie steht es mit einer Gesellschaft, deren Schicksal es ist, dass sie immer weniger Verwandte hat, weil sie immer weniger Nachwuchs bekommt? Wer rettet wen, wenn es die Familie nicht mehr gibt? Oder genauer: wenn sie zu klein geworden ist, um im Notfall eingreifen zu können? Was geschieht, wenn sich die Selbstverständlichkeiten umzudrehen beginnen, wenn eine Gesellschaft stets nur die belohnt, die sich alleine auf den Weg ins Freie machen, und sich nun wundert, dass keiner mehr zurückkommt?

Das soll nicht heißen, dass draußen schon jemand damit beschäftigt ist, das Feuer zu löschen. Aber wir können darauf wetten, dass eines Tages ein Jonathan Sime der Zukunft, ein Experte für Rettungen, untersuchen wird, warum wir bestimmte Auswege niemals benutzen und andere dafür umso bereitwilliger. Wir können auch darauf wetten, dass der Sime der Zukunft das Muster verstehen wird, das wir noch nicht einmal sehen können. Wir sehen nur das Gewoge und Gewiege und die große Frontlinie: zwei kleine Jungs und ein Streichholz auf der einen Seite, dreitausend Menschen auf der anderen. Und wir mittendrin. Sind wir allein? Sind wir vergessen worden? Oder sind wir diejenigen, die im Begriff sind, einen alten Vertrag zu kündigen und eine ganze neue Generation zu vergessen?

In Summerland verdichtete sich Selbstlosigkeit im Moment der Katastrophe. Das zeigt, wie elementar sich Menschen im Moment der Not voneinander unterscheiden. Aber es gibt langsamere, unaufgeregtere Formen, in denen die Macht des Altruismus über lange Zeiträume in einer Gesellschaft wirksam wird.

Das geschieht, wenn man in einer Umgebung mit *wachsenden* Familien lebt, wenn täglich, ja stündlich Menschen sich um ihre Kinder und Angehörigen kümmern und damit die Ökonomie einer Gesellschaft um eine »moralische Ökonomie« bereichern, um eine Fülle von Handlungen, die man tut, ohne mit einer Gegenleistung zu rechnen.

Eine Untersuchung in sieben Staaten der Erde hat herausgefunden, dass die Größe des Verwandtschaftsnetzwerks, vor allem die Anzahl naher Verwandter, entscheidend ist für verwandtschaftliche Solidarität, dafür, ob die Familienmitglieder in der Lage sind, ein gemeinsames Ziel zu definieren.[38] Gilt das auch für eine moderne Gesellschaft, in der der Nachwuchs fehlt?

Summerland zeigt im Großen, was Niklas Luhmann für Familien insgesamt feststellte[39]: Familien sind Sozialsysteme, deren Mitglieder immer wissen, wo die anderen gerade sind. Wissen sie es nicht mehr, zerfallen die Familien. Man kann als Kind abends auf die Frage »Wo warst du?« schlecht antworten: »Das geht euch nichts an.« Man weiß dann jedenfalls, dass man gegen die Familie gehandelt hat – die einzige Organisation, die lebenslang wissen will, wo man ist, um retten zu können, wenn Gefahr droht.

Wer beschuldigt wen?

Während Ärzte und Gesundheitsbehörden unzählige Belege dafür erbracht haben, dass Familienmitglieder einander dabei helfen, länger zu leben, so schreibt die Gesellschaft ewig am Gegenkatalog: Familien stammen zur Hälfte aus der Steinzeit; sie sind das, was uns unsere Verwandtschaft mit den tierischen Vorfahren ins Bewusstsein ruft. Deshalb erregen sie oft Furcht. In ihnen entladen sich uralte Affekte, die ältesten und ungezähmtesten vermutlich, mit denen ein Mensch in unserer Gesellschaft überhaupt konfrontiert werden kann. So beginnt auch der Kanon unseres Wissens: Die antiken Mythologien, gleichsam der Anfang aller Geschichtsschreibung, sind oft nichts als reine Verwandtenmorde, und wer als Bildungsbürger der Neuzeit das Wort Familie hört, der muss an Abraham und seinen fast vollzogenen Sohnesmord denken, an die julisch-claudische Dynastie, an Robert Graves, an all die Bruder-, Schwester-, Muttermorde der römischen Kaiserzeit und dann an all die anderen Sultane, Zaren, Großkhane, die sämtliche Geschwister, Mütter und Väter ermordeten, um sich die eigene Macht zu sichern.

Ein weiteres Gegenargument: Familie ist unmodern. Und sie widersetzt sich der Modernisierung. Sie ist die Institution unserer globalisierten Welt, die wohl bis ans Ende der Tage – solange Affekte die Menschen regieren und Kinder unselbstständig auf die Welt kommen – niemals gänzlich modernisierbar sein wird. Deshalb tut die gegenwärtige Gesellschaft sie als unnötig ab.

Eine heute ganz unverständliche, doch bis weit ins neunzehnte Jahrhundert verbreitete Angst war die, dass Familien aussterben. »Eigenes Haus und Kindersegen erscheinen dem römischen Bürger als das Ziel und der Kern des Lebens«, schreibt Theodor Mommsen in seiner *Römischen Geschichte*. »Der Tod ist kein Übel, denn er ist notwendig; aber das Aussterben des Hauses oder gar des Geschlechts ist ein Unheil selbst für die Gemeinde, welche darum in frühester Zeit dem Kinderlosen einen Rechtsweg eröffnete, durch Annahme fremder Kinder anstatt eigener diesem Verhängnis auszuweichen.«[40] Edgar Allan Poes *Untergang des Hauses Usher* bringt das Vorzeitliche dieses Entsetzens vor dem Verschwinden für das neunzehnte Jahrhundert auf den Begriff. Noch Thomas Manns Hanno Buddenbrook versetzt seinen Vater in Angst und Schrecken, vor allem aber in Wut, als er einen Strich unter die Genealogie im Familienbuch zieht: Er dachte, es käme nichts mehr. »Dieser Vorgang«, schreibt Peter von Matt in seinem Buch über die »Familiendesaster in der Literatur«, »das Aussterben eines Geschlechts, besitzt im heutigen Bewusstsein keine Bedeutung mehr. Es war aber bis weit ins neunzehnte Jahrhundert hinein, war in allen Epochen der hohen Tragödie ein Elementarereignis des Tragischen.«[41] Paradoxerweise erlebten fast alle Gesellschaften der Vergangenheit – mit wenigen Ausnahmen in Krisen- und Pestzeiten – den sicheren Fortbestand durch eine große Nachkommenschaft. Und die Kinder ersetzten ihre Vorfahren nicht nur quantitativ, sondern die Bevölkerung wuchs und wuchs.

Noch die moderne Befreiung von der Familie, am Anfang des zwanzigsten Jahrhunderts, hatte etwas vom Aufstand in einer Überflussgesellschaft; jeder dieser Revolutionäre, selbst der entsetzte Franz Kafka, war verwandtschaftlich fast unüberschaubar vernetzt.

Sigmund Freud hatte die Familie als Kriegsschauplatz beschrieben. Die Autoren schlossen sich ihm an und übten Rache. Für das von den Eltern geschenkte Leben, so schrieben sie, zahlt man mit Leid, Schmerz und Einsamkeit. Wer will, kann sich von der ersten bis zur letzten Minute des zwanzigsten Jahrhunderts in der Literatur mit Munition gegen Familiengründung und Familienleben ausrüsten. Er muss nur wissen: Die Auseinandersetzung fand statt, als Familie gesellschaftliche und lange Zeit sogar politische Norm war, sie war buchstäblich ein Regime, dessen soziale Geschlossenheit und Verbindlichkeit wir Nachgeborenen uns vermutlich ebenso wenig vorstellen können wie die feudalen Strukturen des neunzehnten Jahrhunderts. Deshalb haftet vielen Fallstudien zur Familie heute etwas vom sonderbaren Streit mit einem Ancien Régime an.

Von Shakespeares *King Lear* bis zu Franz Kafkas und

Hermann Hesses Romanen gibt es eine ununterbrochene Partitur für die große Symphonie der Wut auf die Familie und der Angst vor ihren unheimlichen Gesetzen. Zunächst forderten Wut und Angst epische Formen, Sagas von ozeanischer Majestät, später Anklageschriften, Abrechnungsbücher und Abschiedsbriefe. Die deutsche Literatur des vergangenen Jahrhunderts begründet sich geradezu auf dem Familienroman; sie beginnt mit *Buddenbrooks*, dem Roman über den Verfall einer Familie. Die Lübecker Kaufmannssippe erlebt nicht nur den ökonomischen und moralischen Bankrott, sondern auch den demographischen. Hanno Buddenbrook ist der Letzte seiner Art, mit ihm erlöschen Unternehmen und Geschlecht. Noch heute, ein Jahrhundert später, muss man sich wundern, wie hellsichtig dieses Buch eines Fünfundzwanzigjährigen mit den Themen der Zukunft spielt. Der Moment, da das Aussterben im Roman manifest wird, liest sich wie ein Schauerroman: »Da öffnete sich die Korridortür«, heißt es an einer Stelle, »und von der Dämmerung umgeben stand vor den beiden, in einem faltig hinabfallenden Hauskleide aus schneeweißem Piqué, eine aufrechte Gestalt. Das schwere, dunkelrote Haar umrahmte das weiße Gesicht, und in den Winkeln der nahe beieinander liegenden Augen lagerten bläuliche Schatten. Es war Gerda, die Mutter zukünftiger Buddenbrooks.«[42] Die wird sie – wie der Leser weiß – freilich nicht sein, denn nach Hanno wird keiner mehr geboren. Doch dass das so ist, vermerkt der Roman mit leichtem Gruseln. »So wie hier Gerda«, erklärt Peter von Matt, »erscheinen in der romantischen Erzähltradition die Gespenster und die Ahnfrauen.«[43] Hier ist die Vorstellung vom Ende der Familie noch schlicht unheimlich: ihre Boten, selbstbewusste Frauen wie Gerda Buddenbrook und philosophierende Kaufleute wie ihr Ehemann, sind an der Schwelle vom neunzehnten zum zwanzigsten Jahrhundert literarisch und ästhetisch vom Tod gezeichnet.

Keine zwanzig Jahre später, im Jahr 1919, notierte der Futurist Filippo Tommaso Marinetti: »Familiensinn ist ein minderwertiges Gefühl, fast animalisch, aus der Furcht vor den großen, freien Tieren entstanden, aus der Furcht vor Nächten, die vor Abenteuern und Überfällen platzen. Er kommt mit den ersten Zeichen des Altwerdens, die den Mut der Jugend zerbrechen.«[44] Ohne Zweifel: In der Zeit, als Marinetti diese Zeilen schrieb, wurden die Nächte heller und die Tiere zahmer, das Gefühl, hilflos einer feindlichen Umwelt ausgeliefert zu sein, wurde seltener.

Damals, in den politisch-ästhetischen Milieus der vorletzten Jahrhundertwende, entstand das Ideal des unverbundenen Künstlers, des einsamen Steppenwolfs und freien Revolutionärs – eine pathetische und heroische Ausmalung des Menschen. »Es gibt«, schrieb damals der einflussreiche englische Kritiker Cyril Connolly, »keinen trübsinnigeren Feind der guten Kunst als den Kinderwagen im Hauseingang.«[45]

Natürlich sind Familien keine Inseln der Seligen. Der erste Mord war bekanntlich ein Brudermord. Es gibt Hass in Familien, Verbrechen und Gewalt, ebenso Diebstahl, nicht nur in Menschen-, auch in Tierfamilien. Auch Tiere sind manchmal illoyal zu ihren Verwandten, freilich mit schlechtem Gewissen, wie die Krähe Corvus caurinus beweist, die versucht, ihren Lebensunterhalt durch Stehlen zu erwirtschaften, und dabei vor ihren eigenen Verwandten nicht Halt macht; allerdings, wie Forscher nach mehr als zweihundertstündiger Beobachtung der Tiere feststellten, mit einer deutlichen Einschränkung: Fremde bestiehlt die Krähe aggressiv und frech, Verwandte fast schüchtern und ein wenig verlegen.[46]

Familien sind nicht nur Wagenburgen, sie sind, wie Konrad Lorenz anmerkte, auch Trainingslager in Sachen Kälte und Angst. Lorenz hatte schon vor vielen Jahren darauf hingewiesen, dass beide Erfahrungen, die in der Familie gemacht werden, die des Leidens und die des Altruismus, für die moderne Gesellschaft unbedingt notwendig sind. Er warnt vor der Illusion der Unlustvermeidung und der Fiktion, es ginge im Leben auch ohne diese Belastungen. »Die heutzutage in ständigem Wachsen begriffene Unlust-Intoleranz verwandelt die naturgewollten Höhen und Tiefen des menschlichen Lebens in eine künstlich planierte Ebene. Die von dem Zoologen Oskar Heinroth 1910 geäußerte Vermutung, ›dass es sich bei unserem Benehmen gegen Familie und Fremde, beim Liebes- und Freundschaftswerben um rein angeborene und viel urtümlichere Vorgänge handelt, als wir gemeinhin glauben‹, erweist sich durch moderne human-ethologische Ergebnisse als durchaus richtig. Die erbliche Programmierung aller dieser höchst komplexen Verhaltensweisen hat zur Folge, ›dass sie samt und sonders nicht nur Freude, sondern auch viel Leid mit sich bringen‹.«[47]

Die Familie hat ihren guten Ruf aber vor allem deswegen eingebüßt, weil neben der literarischen auch unsere wissenschaftliche Neugier lange Zeit fast nur noch ihren *destruktiven* Energien und deren Bewältigung gegolten hat. Unser Selbsterkundungs- und Forschungsinteresse zielte lange Zeit mehr darauf, Spannungen zu betonen, als darauf, eine zwischenmenschliche Dynamik zu beschreiben. Darin drückte sich aus, dass es immer schwerer fällt, Familien ein Leben lang zusammenzuhalten; noch schwerer fällt es neuerdings, sie überhaupt zu gründen.

Noch vor wenigen Jahren haben zwei Anthropologen, William Jankowiak und Monique Diderich, in einer Studie verwundert darauf hingewiesen, dass in der Forschung nicht nur Eltern-Kind-Beziehungen, sondern auch Geschwisterbeziehungen bislang fast ausschließlich unter dem Gesichtspunkt von Rivalität und gegenseitiger Frustration beschrieben wurden. In den Worten der Wissenschaftler: »Studien, die sich der Solidarität oder Kooperation und der Nähe von Geschwistern widmen, sind faktisch inexistent.«[48]

Man muss also nicht noch mehr Kataloge aufblättern, die im Laufe der Jahrzehnte gegen die Sozialkonstruktion Familie verfasst worden sind. Man muss nur wissen: Sie beschreiben eine Vergangenheit. Die Gesellschaft wird heute nicht mehr von der Familie dominiert. Das ist nicht nur eine soziologische Aussage über Wertvorstellungen und Unglücks- und Bedrückungsaffekte, die man traditionell mit der Familie verbindet – Werte und Wertewandel, könnte man behaupten, sind fast das geringste Problem. Die Bundesrepublik – und viele andere europäische Staaten – kennen keine unglücklichen Gerda Buddenbrooks mehr.

Ab Mitte der siebziger Jahre ist das gleichsam freiwillige Aussterben für die Bewohner der reichen europäischen Länder eine Methode, um nicht weiteres Unglück über die Welt zu bringen. Nicht nur, um die Welt vor der Überbevölkerung zu retten, wie in Günter Grass' Erzählung *Kopfgeburten oder Die Deutschen sterben aus*. Auch um das in der Antike sprichwörtlich gewordene Unglück, überhaupt geboren worden zu sein, nicht an die nächste Generation weitergeben zu müssen. Um die Welt zu retten, so lautet der in unzähligen Variationen kursierende Slogan, setzen wir keine Kinder in die Welt. 1971 schrieb der englische Lyriker Philip Larkin das Gedicht einer Generation:[49]

This Be the Verse

They fuck you up, your mum and dad.
They may not mean to, but they do.
They fill you with the faults they had
And add some extra, just for you.

But they were fucked up in their turn
By fools in old-style hats and coats,
Who half the time were soppy-stern
And half at one another's throats.

Man hands on misery to man.
It deepens like a coastal shelf.
Get out as early as you can,
And don't have any kids yourself.

»Man hands on misery to man« – der Mensch gibt durch die Zeugung das Elend an den Nächsten weiter. Das klingt heute wohlfeil und auch sehr verwöhnt. Nicht, dass der Mensch das Elend weitergibt, ist unser Problem, sondern, dass immer mehr Menschen angesichts der Abwesenheit von Nachwuchs gar nichts mehr weitergeben: keine Gefühle, kein Glück und kein Unglück. In einer Welt der schrumpfenden Familien »händigt« der Mensch rein quantitativ immer weniger Altruismus aus. Denn es sind immer weniger Familien, in denen durch die Existenz von Kindern jene altruistischen Verhaltensweisen entstehen und gelebt werden, die wir jenseits aller zivilisatorischen Umkleidungen am Donner-Pass und in Summerland studieren konnten.

Mitte der fünfziger Jahre, als noch alles gut schien, als von außen betrachtet, die heilste und erfolgreichste Zeit der Familie im ganzen zwanzigsten Jahrhundert angebrochen war, meldete die Literatur Zweifel an. Es ist kein Zufall, dass, in dem Augenblick, da das Familienbild fast unerschütterlich schien, die Geschichten schon ganz andere waren. Sie boten den Menschen die Möglichkeit, aus den geschlossenen Formen auszubrechen. Es begann die Zeit der Rollenspiele, berühmt geworden durch den ersten Satz von Max Frischs 1954 erschienenem Roman *Stiller*: »Ich bin nicht Stiller!«

Wer bin ich nicht? Wer könnte ich statt meiner sein? Das waren nur Stichworte. Sie lieferten die Schlüsselreize für den längst sprichwörtlichen Pluralismus der Lebens-, Geschichts- und Modestile, der Ich-Formen und Rollenidentitäten in einer Welt, die von Expansion, beispiellosem wirtschaftlichem Wachstum und einem bedeutenden und, wie wir heute wissen, vorläufig letzten Geburtenboom geprägt war.

Verhaltensänderungen werden, wie später noch ausgeführt wird, in der Vorgängergeneration erdacht und in der Nachfolgergeneration gelebt. Ein Kind, das in den Fünfzigern aufwuchs, hatte alle Chancen, diese Rollen als soziale Realität zu verwirklichen. Das Handbuch zur »Geschichte der Familie« im zwanzigsten Jahrhundert berichtet von dem authentischen Fall eines im Jahre 1947 geborenen Mannes, der in seinen fünfzig Jahren nach gängiger soziologischer Typologie mit mindestens dreizehn verschiedenen

Lebensformen seine Erfahrungen gemacht hatte. Darunter fielen zum Beispiel folgende Phasen:
- nichtexklusive Beziehungen
- nichteheliche Lebensgemeinschaft
- Living Apart Together
- Kernfamilie
- Alleinleben und temporäre Einelternfamilie
- Single
- sukzessives Living Apart Together (ein Paar pendelt zwischen zwei Wohnungen, ohne zusammenzuziehen)
- sukzessive nichteheliche Lebensgemeinschaft
- Single
- Anstaltshaushalt[50]

Und heute? Es ist atemberaubend zu sehen, wie die Krise des Sozialstaats und die Implosion der Familien das Gespür der Literaten weckt – und überall literarische Familien erfunden werden. Von Jonathan Franzen über Jeffrey Eugenides bis hin zu Eva Menasse und Arno Geiger. Manchmal halten sich die Autoren an einer einzigen, wie übrig gebliebenen Figur fest, am Bruder, am Großvater, um aus ihr eine verschollene Familie zu rekonstruieren. Einige dieser Autoren erinnern an die Romantiker: Wie die Brüder Grimm, die Märchen sammelten, ehe die Welt, die sie bewahrte, unterging, so sammeln diese Autoren die Stoffe ihrer schwindenden Familien. Diese Familien sind nicht besser oder schlechter als die Familien der Vergangenheit – wenngleich bei einigen Autoren fast schon die Versöhnung unter direkten Verwandten am Horizont aufscheint; sie wirken viel eher wie unter Glas betrachtet, wie der Versuch, etwas zum Wachsen zu bringen, wovon kaum noch etwas da ist.

Die Generation der deutschen Autoren, viele um 1970 geboren, hat bereits ihr ganzes Leben im Kontext niedriger Geburtenraten verbracht, ist damit, wie alle Befunde zeigen, sozialisiert worden. Sie ist unbewusst bereits im Schwund groß geworden und hat erlebt, dass der Austausch in Familien, mit Geschwistern und unter Gleichaltrigen eine sich immer mehr verknappende Ressource ist – und: dass Familien, in die man hineingeboren wird, eine Quelle von Selbstlosigkeit sind. Für diese Generation ist es ganz normal, dass die Frage, ob man selbst eine Familie gründen will, eine Frage umsichtiger Kalkulation ist.

> *Es ist so, wie wenn einer fünf niedrige Treppenstufen hinaufzusteigen hat und ein zweiter nur eine Treppenstufe, die aber so hoch ist wie jene fünf zusammen; der Erste wird nicht nur die fünf bewältigen, sondern noch hunderte und tausende weitere, er wird ein großes und sehr anstrengendes Leben geführt haben, aber keine Stufe, die er erstiegen hat, wird für ihn eine solche Bedeutung gehabt haben wie für den Zweiten jene eine, erste, hohe, für alle seine Kräfte unmöglich zu ersteigende Stufe, zu der er nicht hinauf und über die er natürlich auch nicht hinauskommt. Heiraten, eine Familie gründen, alle Kinder, welche kommen wollen, hinnehmen, in dieser unsicheren Welt erhalten und gar noch ein wenig führen ist meiner Überzeugung nach das Äußerste, das einem Menschen überhaupt gelingen kann.*
>
> Franz Kafka[51]

Hamm: Warum hast du mich gezeugt?
Nagg: Ich konnte ja nicht wissen...
Hamm: Was konntest du nicht wissen?
Nagg: Dass du es sein würdest.

Samuel Beckett[52]

Vater und Mutter, Söhne und Töchter, Hof und Wohnung, Knechte und Gerät – das sind die natürlichen Elemente, aus denen überall, wo nicht durch die Polygamie die Mutter als solche verschwindet, das Hauswesen besteht. Darin aber gehen die Völker höherer Kulturfähigkeit auseinander, dass diese natürlichen Gegensätze flacher oder tiefer, mehr sittlich oder mehr rechtlich aufgefasst und durchgearbeitet werden. Keines kommt dem römischen gleich an schlichter, aber unerbittlicher Durchführung der von der Natur selbst vorgezeichneten Rechtsverhältnisse.

Theodor Mommsen[53]

Zwei Vierergruppen werden vertikal arrangiert, und jede ist in sich schon hierarchisch geschichtet:
Vater und Mutter
Söhne und Töchter
Hof und Wohnung
Knechte und Gerät
Dass solche kristalline Gliederung dem Willen der Natur entspreche, wird hier der bürgerlichen Familie des deutschen neunzehnten Jahrhunderts deutlich genug ins Ohr geflüstert. (...) Wie Hegel kein Auge hatte

> *für die Geschlechterwut, den Geschlechtertrotz in der Tragödie, sieht Mommsen begeistert von der Geometrie seiner Vierergruppen das Extreme und Unmenschliche nicht, das sein eigener Bericht doch deutlich genug vermittelt.*
>
> Peter von Matt[54]

Wer benachteiligt wen?

Sie waren angekommen, hatten ihre kleinen Wohnungen bezogen, das Jahr konnte beginnen. Alle waren sie viel versprechende junge Studenten, im Durchschnitt achtzehn bis zweiundzwanzig Jahre alt, die an das Gute im Menschen glaubten. Soeben hatten sie sich an der Cornell-Universität, einer der besten Hochschulen Amerikas, eingeschrieben. Ein neuer Lebensabschnitt lag vor ihnen, und die meisten waren überzeugt, dass nicht sie sich durch die Welt verändern lassen würden, sondern dass sie die Welt veränderten.

An den schwarzen Brettern der Universität hingen die Kurszettel, und die Studenten, die wir ins Auge fassen wollen, hatten sich für drei verschiedene Seminare eingeschrieben.

Das erste Seminar, ein Einführungskurs in Astronomie, zog eher verträumte, vielleicht etwas weltfremde Charaktere an. Damit unterschieden sie sich von den Teilnehmern der beiden anderen Kurse, die einander stärker ähnelten, denn ihr Interesse galt der Ökonomie. Sie hatten sich für verschiedene Wirtschaftskurse eingetragen. Die zweite

Gruppe besuchte ein Seminar zur Wirtschaftsgeschichte des maoistischen China. Es wurde von einem Professor gehalten, der unübersehbar Sympathien für das kommunistische Weltbild hegte. Die dritte Gruppe hatte sich für eine Mainstream-Einführung in die Ökonomie entschieden. Der Dozent, ein Wirtschaftswissenschaftler, legte sein Augenmerk besonders auf die Industrie, die Börse und die Spieltheorie in wirtschaftstheoretischen Zusammenhängen.

So weit die Versuchsanordnung, wie sie Anfang der neunziger Jahre von dem berühmten Ökonomen Robert Frank – dessen Werk die Evolutionspsychologie wichtige Einsichten in die Kooperation von Menschen verdankt – tatsächlich an der Cornell-Universität durchgeführt wurde.[55]

Die drei Studentengruppen wurden unabhängig von ihrer Kurszugehörigkeit mit zwei Fragebögen konfrontiert; einen sollten sie zu Semesterbeginn beantworten, den anderen zu Semesterende.

Die Aufgabe lautete:

»Der Besitzer eines kleinen Computerladens bestellt zehn PCs. Bei der Lieferung der Computer bemerkt er, dass das Versandhaus nur neun Geräte in Rechnung stellt, obwohl alle zehn geliefert wurden. Der Käufer hat zwei Möglichkeiten:

1. Er kann das Versandhaus von dem Fehler in Kenntnis setzen und um Korrektur der Rechnung zu seinen Lasten bitten.
2. Er kann den Rechnungsbetrag, der auf der Rechnung steht, bezahlen und nichts weiter unternehmen.

Das Schlimmste, was dabei passieren kann, wenn er nur den auf der Rechnung angegebenen Betrag bezahlt, ist, dass das Versandhaus seinen Fehler später bemerkt und den zehnten

Computer in Rechnung stellt. Doch das ist eher nicht zu erwarten.

Was glauben Sie, wie wahrscheinlich ist es, dass der Käufer das Versandhaus auf seinen Fehler aufmerksam macht?

Und wenn Sie der Besitzer des Computerladens wären, wie wahrscheinlich ist es, dass Sie das Versandhaus auf seinen Fehler aufmerksam machen und darum bitten, den korrekten Betrag zahlen zu dürfen?«

Die Studenten des astronomischen und maoistischen Kurses blieben am Anfang und am Ende der Befragung überwiegend ehrlich. Sie glaubten, der Besitzer würde den Fehler angeben, und sie selber hätten es auch getan. Ihre Lernerfahrungen hatten ihrem moralischen Empfinden nichts anhaben können.

Die dritte Gruppe jedoch, die eine exzellente Einführung in die Grundlagen des ökonomischen Denkens bekommen hatte, verlor im Laufe des Semesters den Glauben an das Gute im Menschen. Die Bereitschaft, unehrliches Verhalten anzunehmen, war bis Dezember signifikant gestiegen. Der Prozentsatz derjenigen, die glaubten, dass sie selber auch unehrlich handeln würden, hatte sich ebenfalls erhöht.

Dieser berühmte Versuch, der die Bewusstseinsveränderung der Studenten offen legte, gab Anstoß für viele Debatten. Die Wissenschaftler nahmen an, dass zu viel ökonomisches Denken zynisch mache. Trainieren wir, so ihre Befürchtung, durch die Art unseres ökonomischen Denkens die Menschen geradezu in sozialem Misstrauen?

Es war aber nicht die Gier, die den moralischen Wandel der jungen Leute herbeigeführt hatte – dafür war die »Prämie« von einem Computer dann doch zu gering. Die Wirtschaftsstudenten hatten vielmehr in ihrem Kurs gelernt, wie menschliche Austauschverhältnisse funktionieren, und daraus ihre Konsequenzen gezogen: Es geht – moralisch gesprochen – gar nicht um die Maximierung des eigenen Vorteils, sondern darum, nicht selbst in eine schlechte Position zu geraten.

Das Ergebnis dieses Versuchs beschreibt das Dilemma: Wenn ich so dumm bin, etwas zu tun, was moralisch richtig ist, was aber alle anderen nicht tun – verliere ich dann nicht schon dadurch, dass die anderen etwas gewinnen?

Übertragen auf den Kinderwunsch, führt das zu folgender Frage: Bin ich, als jemand, der Kinder finanziert, nicht automatisch im Nachteil gegenüber all denen, die nur sich selbst finanzieren müssen? Und finanziert das eigene Kind nicht noch zusätzlich diejenigen, die Kapital akkumulieren oder verschwenden, aber, um Udo di Fabio ein weiteres Mal zu zitieren, nichts für den »Fortbestand des Systems« tun?

Wer daran denkt, Kinder zu bekommen, muss zunächst an sich selbst denken. Tut er das, so ist es die Paradoxie der Kalkulation, dass er bereits altruistisch sein muss, ehe er überhaupt Kinder hat. Die materiellen und sozialen Vorteile, sie *nicht* zu haben, sind mittlerweile sowohl für Frauen wie für Männer zu groß geworden.

Anders als vielfach vermutet, ist diese Verwirtschaftlichung des Kinderwunsches kein Ergebnis unserer Zeit. Das Verarmungsrisiko und die Gefahr des sozialen Abstiegs waren bereits ein großes Thema der vorletzten Jahrhundertwende. Als der amerikanische Präsident Theodore Roosevelt im Jahr 1903 die bürgerlichen Klassen dazu aufgefordert hatte, von ihrem Egoismus zu lassen und mehr Kinder in die Welt zu setzen, antwortete ihm in der angesehenen *North American Review* ein vierfacher Vater, der seine Identität hinter dem fiktiven Namen Paterfamilias verbarg: »Es wird behauptet, dass es nichts koste, ein Kind großzuziehen, sondern in Wahrheit eine Investition sei. Solch eine Behauptung kann nicht länger aufrechterhalten werden. Jedes Baby zwängt die weiter ein, die vor ihm geboren wurden. Das Ergebnis ist: Vater und Mutter sind bald gezwungen, sich fast vollständig auf dem Altar der Familie zu opfern. Die Annehmlichkeiten des Lebens verschwinden, und die Mutter muss sogar oft das für ihr eigenes Leben Notwendigste aufgeben, um ein Leiden der Kinder zu verhindern. Das junge Paar, das heute in der Stadt oder im Dorf heiratet, hat sich an viele Dinge gewöhnt, die es nicht mehr missen möchte. Sie wissen, wie man sich gut kleidet, sie haben teure Vergnügungen, Theater, Konzerte und all das, was bisher ihrem Leben Sinn gegeben hat. Wenn ein oder zwei Kinder geboren worden sind, gilt dies als ausreichend, für diejenigen, die gut ausbildet sind, sogar auch für jene, die nur eine dürftige Ausbildung genossen haben.«[56]

Hat tatsächlich die Befürchtung, dass Kinder zu viel Geld kosten, dazu geführt, dass immer weniger geboren werden? Und, wenn ja, warum dann ausgerechnet in der zweiten Hälfte des vergangenen Jahrhunderts? Zwischen 1970 und 1990 gehörte die Bundesrepublik immerhin zu den reichsten, stabilsten und sichersten Staaten der Erde.

Die Generation, die in den sechziger und siebziger Jahren geboren wurde, hatte im Gegensatz zur heutigen viel versprechende Zukunftsaussichten. Waren es wirklich die finanziellen Kosten, die diese Generation davon abhielten, Kinder zu bekommen?

Gründe, die aus der Sicht von Kinderlosen gegen Kinder sprechen

Frage: »Egal, ob man sich Kinder wünscht oder nicht, kann es ja ganz verschiedene Gründe geben, die gegen ein Kind sprechen. Was spricht in Ihrer derzeitigen Situation gegen ein Kind?«

Ein Kind wäre eine große finanzielle Belastung	47%
Ich fühle mich noch zu jung dafür	47%
Meine beruflichen Pläne vertragen sich nur schwer mit einem Kind	37%
Ich habe bisher noch nicht den/die passende(n) Partner(in) gefunden	28%
Ich möchte möglichst viele Freiräume haben, mich nicht einschränken müssen	27%
Ich habe viele Interessen, die sich mit Kind nur schwer vereinbaren lassen	27%
Kinder sind anstrengend. Ich weiß nicht, ob ich die Kraft und Nerven dazu hätte	27%
Ich möchte möglichst unabhängig sein	26%
Ich hätte dann weniger Zeit für Freunde	19%
Ich weiß nicht, ob wir zusammenbleiben, ob unsere Beziehung stabil ist	17%
Ich/mein(e) Partner(in) hätte berufl. Nachteile, wenn wir ein Kind bekämen	16%

Basis: Bundesrepublik Deutschland; 1257 18- bis 44-Jährige, darunter 575 Kinderlose; 2004
Quelle: Allensbacher Archiv, IfD-Umfrage 5177[57]

Es war die Angst davor, im Nachteil zu sein, wenn alle anderen einen Vorteil hatten. Schon 1965 musste man sich, entschied man sich für Kinder, mit einem geringeren Lebensstandard zufrieden geben: »Ein Blick auf die unterschiedliche durchschnittliche Kaufkraft der Eltern der geburtenstarken Jahrgänge in den Jahren 1955 bis 1965 und der heutigen Elterngeneration zeigt, dass die durchschnittliche reale Kaufkraft eines Zwei- bis Dreipersonenhaushaltes im Jahre 1965 der heutigen Kaufkraft eines vergleichbaren Haushaltes mit Sozialhilfeeinkommen entspricht. Die reale Kaufkraft eines Vierpersonenhaushaltes war 1965 geringer als die eines vergleichbaren Sozialhilfehaushaltes heute.«[58]

Doch damals, als die Welt noch hauptsächlich von Familien mit Kindern geprägt war, waren die Kinderlosen noch in der Minderzahl – und sie hatten, in der vergleichsweise traditionellen Welt der fünfziger und frühen sechziger Jahre, auch noch nicht so viele Lebensoptionen. Heute ist das anders. Dass der Einzelne sich aus welchen Gründen auch immer für Kinderlosigkeit entscheidet, ist ganz und gar seine Angelegenheit. Doch eine nur im Heutigen verhaftete Gesellschaft konstruiert daraus ein Ungleichgewicht: Kinderlosigkeit wirkt wie eine Methode zur Gewinnmaximierung – die lebensweltliche Variante der Ich-bin-doch-nicht-blöd-Kultur des Jahres 2005. Sie erzwingt altruistische Verhaltensweisen bei den potenziellen Eltern, denn sie müssen, um Herwig Birgs berühmten Satz zu zitieren, mit der Erkenntnis leben, dass von Kindern in dieser Gesellschaft materiell nur diejenigen profitieren, die keine haben.

Man hat im Verlauf der vergangenen Jahrzehnte gleichsam miterleben können, wie die Gesellschaft den Einzelnen zwingt, diese Lektion zu lernen. Es hat nur etwas länger als bei den Studierenden der Cornell-Universität gedauert. Die Hälfte der Akademikerinnen ändert im Laufe ihres Studiums ihre Meinung zum Thema eigenes Kind – nicht, weil sie egoistischer geworden wären, sondern weil sie dazugelernt haben. Wir haben es allem Anschein nach fertig gebracht, dass ein Kind, stellt man eine Kosten-Nutzen-Rechnung auf, unterm Strich immer zu einem Minimum führt. Diese Rechnung freilich ist längst moralischer Natur. »Im alltäglichen Normalfall«, schreibt der Rechtsgelehrte Paul

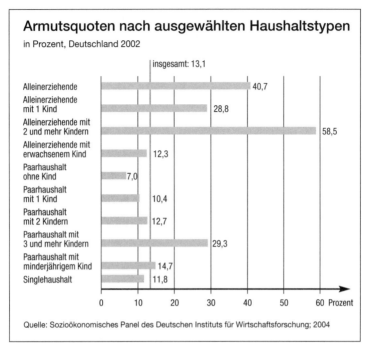

Sobald Alleinerziehende zwei und mehr Kinder haben oder Paare drei und mehr Kinder, erhöht sich das Armutsrisiko beträchtlich. Auffallend ist, dass Paarhaushalte ohne Kind ein minimales Risiko haben zu verarmen, aber gleichzeitig über die größten Chancen verfügen, als Doppelverdiener die höchsten Rentenansprüche zu erwerben.

Kirchhof,»muss das Ehepaar mit Kindern zur Erfüllung des Erziehungsauftrags auf die Erwerbstätigkeit eines Elternteils, damit auf dessen Einkommen und Rentenanspruch verzichten, hat dafür aber die Aufwendungen für Kinder zu tragen, während ein Paar ohne Kinder über zwei Einkommen, zwei Rentenansprüche und deren Kumulation im Hinterbliebenenfall verfügt.«[59]

Die Gesellschaft hat es versäumt, der »Investition Kind« einen Wert entgegenzusetzen: das soziale Kapital nämlich, das Kinder schaffen. Durch ihr pures Vorhandensein vernetzen sie eine Vielzahl vormals einander fremder Menschen. Kinder sind, anders als in vergangenen Jahrhunderten, nicht als billige Arbeitskräfte einsetzbar und haben deshalb auch keine direkte ökonomische Funktion mehr. Aber ihr gesellschaftlicher »Wert« wird in den nächsten Jahren sprunghaft steigen, nicht nur, weil sie als unter Zwanzigjährige dann einer faktisch halbierten Bevölkerungsgruppe angehören (von 17,7 Millionen reduziert sich ihr Anteil auf 9,7 Millionen oder noch weniger), sondern weil sie in einer schrumpfenden Gesellschaft eine unersetzliche Größe darstellen.

Wer entmutigt wen?

Die neue Generation potenzieller Eltern ist längst umprogrammiert. Das hat nicht mehr nur mit den ökonomischen Rechnungen ihrer älteren Brüder und Schwestern zu tun. Sie sind bereits anders sozialisiert. Zum ersten Mal liegt nicht nur die tatsächliche Geburtenrate, sondern auch die Anzahl der gewünschten Kinder in Europa bei weniger als zwei. Damit ist das Niveau unterschritten, das zur Bestandserhaltung der Bevölkerung notwendig ist.

Wo keine Kinder mehr leben, wachsen auch immer weniger Kinder nach. »Je höher der Anteil der Kinderlosen«, so resümieren die Forscher der Universität Wien, Maria Rita Testa und Leonardo Grilli, »desto mehr jüngere Personen wollen zeitlebens kinderlos bleiben.« Mehr noch, wie viele Kinder man sich wünscht, hängt davon ab, wie viele Kinder die ältere Generation auf die Welt gebracht hat. Das gilt auch umgekehrt. »Je höher die tatsächliche Geburtenrate, desto mehr Kinder wünschen sich die jüngeren (künftigen) Mütter und Väter.«[60]

Heranwachsende lernen von Menschen, die sie beobachten – sei es in der tatsächlichen Wirklichkeit und, wie in einem nachfolgenden Kapitel noch erläutert wird, in der Fernsehwirklichkeit.

Doch kaum jemand ahnt, wie geradlinig dieser Lernprozess sich vollzieht. Je kinderloser die Umwelt, je verwandtschaftsärmer die Netzwerke, desto schneller scheint sich der Mensch der Kinder zu entwöhnen.

»Die Kinderwünsche«, sagt der Soziologe Hans Bertram in einem Interview, »sind bei den jungen Erwachsenen deutlich zurückgegangen, während zum Beispiel in Ländern wie Schweden oder Dänemark die Leute nicht nur viele Kinder kriegen, sondern sich auch viele Kinder wünschen. Ein deutlicher Unterschied. Das ist dann nicht nur der Abschied von der Familie – kann man ganz nüchtern sagen –, sondern das ist einfach ein Abschied von der Zukunft. Eine Gesellschaft, die auf Kinder verzichtet, verzichtet irgendwie auf ihre eigene Zukunft, denn die eigene Lebensperspektive ist vielleicht dreißig Jahre, und wenn da keine Kinder sind, ist dann nach den dreißig Jahren einfach Schluss.«[61]

Dies ist der Grund, warum bei uns eine so genannte *Catch-22*-Situation entstanden ist, eine sich selbst erfüllende Entwicklung: Denn Menschen müssen Kinder nicht nur aufwachsen *sehen*, um selber welche zu bekommen, sie müssen Kinder auch *erleben*, um sie zu lieben. Und sie müssen sie lieben, ehe sie geboren sind, um sie zu wollen. Das zeigen die Ergebnisse einer innovativen Studie mit dem Titel *Wann führt die Zuneigung zu Kindern zur Elternschaft?*[62]

Darin vergleichen Wissenschaftler aus Deutschland und

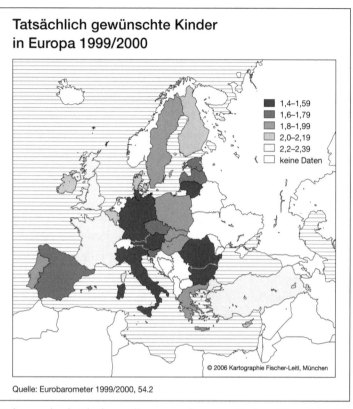

Quelle: Eurobarometer 1999/2000, 54.2

Bislang galt als Idealvorstellung von der europäischen Wunschfamilie eine Kinderanzahl von zwei Kindern. Seit dem Jahr 2000 hat sich dieser Wert in vielen Ländern weiter reduziert.[63]

Südamerika drei völlig verschiedene Kulturen miteinander: Deutschland, Kamerun und Costa Rica. Diese Auswahl deckt das Repertoire all unserer Familienvorstellungen ab: die moderne deutsche Welt, die afrikanische Stammesgesellschaft und die gesellige mittelamerikanische Lebensform. Die Forscher wollten herausfinden, welche unbewussten Voraussetzungen die Elternschaft begünstigen und ob diese immer die gleichen sind.

Zu ihrer Verblüffung beeinflussen die kulturellen Unterschiede die Ergebnisse kaum. Stattdessen zeigte sich, dass in allen drei Ländern die Haltung zu Kindern davon abhängt, ob die Befragten jüngere Geschwister gehabt haben. Die Wissenschaftler konnten nachweisen, wie sehr die Liebe zu Kindern und die Fürsorglichkeit aus dem geschwisterlichen Umfeld erwachsen und dass der Umgang mit jüngeren Geschwistern im Kindesalter zur Entwicklung einer Fürsorgemotivation führt, die sich bei Erwachsenen in höherer Kinderliebe und schließlich in einem stärkeren Kinderwunsch äußert. Wie sich herausstellte, ist nicht nur die Anzahl der Geschwister oft ein Hinweis auf die Anzahl der eigenen Kinder im späteren Leben; es zeigte sich übereinstimmend in allen drei Ländern, dass durch jüngere Geschwister ein soziales und altruistisches Verhalten eingeübt wird. »Zweiundsechzig Prozent der Wirkungen, die die Kultur auf implizites prosoziales Verhalten ausübt, kann auf Geschwister-Effekt zurückgeführt werden«, schreiben die Autoren dieser Studie.[64]

Wir müssen also mit Kindern konfrontiert werden, um selbst Kinder bekommen zu wollen. Das typische Großstadtkind der unmittelbaren Zukunft wird beides immer weniger erleben: Gleichaltrige nicht und die traditionelle Familie auch nicht.[65] Je seltener wir Kinder sehen, desto deutlicher sinkt der Wunsch nach ihnen. Und je weniger Kinder wir haben, desto geringer wird der Anteil altruistischer oder moralischer Ökonomie in unserer Gesellschaft.

Die Nichtgeborenen, die fehlenden Kinder, sind also mittlerweile durch ihre Abwesenheit eine Macht geworden, mit der man rechnen muss. Sie verändern Verhaltensformen, die noch eine Generation zuvor oft rein ökonomisch motiviert waren. Mochten in den siebziger, achtziger und neunziger Jahren noch viele Menschen den Kinderwunsch einfach nur verschoben haben – aus wirtschaftlichen Gründen, mit Blick auf ihre Lebenszeit und Karriere –, so werden heutige Kinder, also die künftigen Eltern, immer stärker von einer veränderten, kinderarmen Umwelt geprägt.

Vielleicht sind wir im Begriff, eine Gesellschaft zu schaffen, in der immer mehr Menschen unfähig sind, Liebe und Fürsorge für Kinder und Verwandte aufzubringen. Wie stark der Rückgang von entsprechenden Affekten bereits ausgeprägt ist, zeigt sich an der Stigmatisierung großer Familienverbände – einer Familiengröße also, die unter den katastrophalen Bedingungen am Donner-Pass das Überleben überhaupt erst ermöglichte.

Wie zerstörerisch sich die Vorurteile der Gesellschaft auf Familien auswirken, haben eindrucksvoll die Untersuchungen zweier amerikanischer Psychologinnen bestätigt, Karla Mueller und Janice Yoder.[66] Denn Wünsche – auch Wunschfamilien – werden nicht in erster Linie ökonomisch geträumt. Sie richten sich wesentlich danach, mit welcher Miene und welchem moralischen Urteil die Umwelt solche Wünsche quittiert. Menschen sind abhängig von solchen Prestigefragen, das gilt nicht nur für Autos und Kleider.

Es verblüfft, mit welchen Vokabeln Frauen belegt werden, die in großen Familien leben, und was diese Bosheiten bei den Kindern anrichten. Der gesellschaftliche Druck, den Freunde, Nachbarn, Eltern und vor allem auch die fiktiven Rollenvorbilder des Fernsehens ausüben, wird in einem Teufelskreis zum Quell einer genuinen Kinderfeindlichkeit, die sich auf die Kinder selbst überträgt. Verlogen, verarmt, dumm, wahrscheinlich bald kriminell, gruppenunfähig, gestört – das sind die Urteile über Kinder aus kinderreichen Familien und deren Eltern.

Bei den Untersuchungen stellte sich zunächst heraus, dass über Mütter, die mehr als zwei Kinder haben, genauso schlecht und abfällig geredet wird wie über kinderlose Ehepaare. Der elementare Unterschied liegt darin, dass die Kinder behandelt werden, als wären sie schon gescheitert, noch ehe sie überhaupt gelebt haben. Durch diese doppelte Stigmatisierung entwickeln die betroffenen Mütter ein Schuldgefühl, und das verändert wiederum das Selbstbild der Kinder aus kinderreichen Familien. Fast siebzig Prozent der Mütter mit mehr als drei Kindern berichten, dass ihre Umwelt ihnen unterstelle, sie könnten ihren Kindern nicht genügend Liebe geben. Außerdem müsste ihr Haus verwahrlost sein, die Kinder seien ungewollt auf die Welt gekommen, die Mutter müsse dumm oder katholisch, auf alle Fälle völlig unehrgeizig, ständig krank und höchstwahrscheinlich ungepflegt sein. Sieben Prozent der Befragten erzählen von Besuchern, Freunden und Bekannten, die immer wieder maßlos erstaunt seien, dass die Mütter nicht heruntergekommen und verarmt wirkten.[67]

Alles spricht dafür, dass die Ergebnisse dieser Untersuchung auf Deutschland übertragbar sind. Es ist trivial, darauf hinzuweisen, dass die negativen Äußerungen über große Familien verleumderischen Charakter haben. Sie sind ruf-, also prestigeschädigend und greifen damit die eiserne Reserve des sozialen Kapitals an. Sie machen nicht nur die jetzige, sondern auch die nächste Generation zum klinischen Fall. Und sie zerstören, womöglich irreversibel, altruistische Verhaltensweisen und soziale Kompetenz.

Evolutionäre Hypothesen zum Verschwinden der Kinder

Nach den Gesetzen der Evolution ist es ganz und gar widersinnig, dass Gemeinschaften sich freiwillig dazu entschließen, immer weniger Nachwuchs zu produzieren. Denn eigentlich liegt es im Interesse eines jeden Lebewesens, sein Erbgut weiterzugeben. Die Evolutionspsychologie hat mit Blick auf den säkularen Trend, dem die Gattung Homo sapiens zu folgen scheint, Thesen aufgestellt, um den Verzicht auf Nachwuchs zu erklären:[68]

1. In einer Gemeinschaft, in der starker Konkurrenzdruck herrscht, ist es von Vorteil, nur wenig Nachwuchs großzuziehen. In einem gesellschaftlichen Umfeld, das Eltern indirekt dazu auffordert, in Kinder zu investieren, um ihnen den größtmöglichen Erfolg im Leben zu sichern, entscheiden sich Eltern eher für wenige Kinder, in die sie viel investieren, als für viele Kinder, in die sie wenig investieren.

2. Der Rückgang der Geburtenrate ist die Konsequenz eines darwinistischen, aber nicht genetischen, sondern kulturellen Erbes. Eigenschaften besonders erfolgreicher Individuen in einer Gesellschaft – etwa die Eigenschaft, wenige oder keine Kinder zu haben – werden von anderen Individuen nachgeahmt. Dabei handelt es sich nicht um einen Evolutionsprozess, den die Kultur einer Gesellschaft auslöst. Es erklärt viel mehr die Macht, die Fernsehen und Medien gerade in der Frage des Kinderwunsches ausüben. Und es erklärt auch, weshalb Kinder, die ohne andere Kinder aufgewachsen sind, später selbst weniger Kinder bekommen.

3. Es handelt sich um das Nebenprodukt einer rasend schnellen Veränderung der Umwelt- und Gesellschaftsbedingungen, auf die sich der Einzelne nicht mehr einstellen kann. Aufgrund der radikalen Veränderung der sozialen, ökonomischen, politischen und ökologischen Bedingungen, denen der moderne Mensch heute ausgesetzt ist, können die Mechanismen, die die Evolution dem Menschen mitgegeben hat, nicht mehr angemessen reagieren. Das Resultat sind dramatische Fehlanpassungen.

Über einen Zeitraum von vierzig Jahren hinweg, beginnend mit der Pubertät, haben Forscher die Entwicklung von Frauen und Männern begleitet. Sie wollten feststellen, wie sehr Elternkarrieren von den Persönlichkeitsmerkmalen der eigenen Jugend abhängen, und vor allem, was diese über die spätere Fähigkeit verraten, Familien zu gründen. Die Frage lautete: Wenn Pubertierende gesellig, entschlossen, schuldbewusst oder machtbewusst sind – um nur diese Beispiele zu nennen –, verrät dieses Verhalten dann etwas über ihre spätere Entscheidung für oder gegen eine Familie?

Natürlich stellten die Wissenschaftler keine Wenn-dann-Gesetze auf. Aber sie konnten einen beeindruckenden, kontinuierlichen Zusammenhang zwischen seelischen und moralischen Prägungen in der Jugend und den gelebten Biographien nachweisen.

Das Verhalten und die Charaktere der vierzehnjährigen männlichen Jugendlichen sagten gar nichts aus. Es gab kein Indiz dafür, warum dieser oder jener später diese oder jene (oder gar keine) Familie gründen sollte. Ganz anders sah das Ergebnis bei Frauen aus. Norman Livson und David Day, Psychologen der Universität Berkeley, waren besonders überrascht über die Eindeutigkeit der Ergebnisse: »Am auffallendsten ist der bedeutsame Zusammenhang zwischen der Intelligenz und deren Förderung in der Pubertät und der späteren Familiengröße. Bildung zieht häufig die Gründung einer großen Familie nach sich.«[69] Frauen, die später große Familien hatten, waren in der Pubertät geistig wach, verantwortungsbewusst, ästhetisch ansprechbar, emotional, empfanden sich selber aber auch schon in diesem Alter als weniger weiblich und oft sehr selbstbewusst.

Diese Frauen, so schien es den Forschern, wollten – anders als die sich stigmatisiert fühlenden Frauen kinderreicher Familien im obigen Beispiel – ihre geistigen und schöpferischen Fähigkeiten für den Aufbau eines verwandtschaftlichen Netzwerkes nutzen.

Wo steckt hier, angesichts der Widersprüchlichkeit der Daten, der Fehler? Einerseits beklagen Frauen kinderreicher Familien, dass sie wie Asoziale behandelt werden; andererseits drängen intelligente Frauen in große Familien?

Die Antwort gibt der Kalender. Die Studie erschien im Jahre 1977, und sie enthält eine Prognose, die sich fast eine Generation später als prophetisch erweist: »Die Frauen und Männer, die wir untersuchten«, so schreiben die beiden Psychologen, »wurden zwischen 1920 und 1930 geboren, ihr Nachwuchs kam zwischen 1940 und 1950 auf die Welt. Die meisten dieser Kinder wurden gezeugt, ehe der Überbevölkerungsalarm um die ganze Welt ging, vor der Pille und dem immer selbstverständlicheren Gebrauch von Empfängnisverhütungsmitteln. All diese Kinder wurden geprägt, ehe es zu der Evolution sozialer und sexueller Rollen kam.«[70]

Die Frauen des Jahrgangs 1920, deren Motive hier erforscht wurden, hatten das Gefühl, ohne Familie nicht erwachsen werden zu können. Sie beklagten bereits Ende der dreißiger Jahre, dass die Außenwelt ihnen diese Chance verwehrte, waren sich aber der Konsequenzen selbst nicht bewusst. Anders als die Mädchen des Jahrgangs 1970. Auf sie – die erwachsenen Frauen von heute – kamen die Forscher ganz am Ende ihrer Untersuchung zu sprechen, und das liest sich wie ein Gruß aus einer Vergangenheit, die die Gesellschaft jetzt einzuholen beginnt: »Und was geschieht nun mit den begabten Mädchen des Jahres 1970? Hier führen unsere Ergebnisse zu ganz anderen Schlussfolgerungen, denn wir können nicht erwarten, dass ein begabtes Mädchen künftig noch eine große Familie will. Ihr hat sich die *wirkliche Welt* geöffnet. Vielleicht nehmen wir fortan den entgegengesetzten Weg, und Mutterschaft und selbst Ehe werden eine sehr viel weniger attraktive Entwicklungsoption der Persönlichkeit. Wenn das stimmt, dann wird eine intelligente Frau in Zukunft eher kleinere Familien haben.«[71]

Die Auswirkungen der Staatsverschuldung reichen bis in die dritte Generation. Die Auswirkungen des Geburteneinbruchs auch. Und, was uns am meisten beunruhigen sollte, der Mentalitätswandel der heutigen Kindergeneration ist bereits jetzt zementiert: die weitere Verringerung der Wunschfamiliengröße auf ein Kind. Diese nächste Generation sitzt in diesem Augenblick vor den Fernsehern, in den Kindergärten oder in den Schulen und wird womöglich unwiderruflich geprägt – durch die, die da sind, und durch die, die fehlen.

Wie können wir uns überhaupt begreiflich machen, was es heißt, wenn Menschen fehlen – Menschen, die nie geboren wurden? Seit einigen Jahren gibt es eine Berichterstattung über dieses Nichts. Und zwar immer dort, wo die Niegeborenen durch ihr Nichterscheinen Märkte verändern. Zuerst hat es nur die Baby- und Spielzeugindustrie betroffen. Dann haben die Kindergärten erste Probleme gemeldet, Ende der neunziger Jahre erreichte das sich immer weiter ausbreitende schwarze Loch bereits die Schulen, denn die Abwesenheit der Kinder macht sich nun auch dort bemerkbar. Bis 2020 wird es an den Schulen zu einem Rückgang von annähernd zwanzig Prozent kommen. Und dann wird das Nichtvorhandensein der jungen Menschen sich auch in den Hochschulen und Unternehmen breit machen.

Diese jungen Leute fallen aber nicht nur aus. Sie fehlen in der moralischen und geistigen Ökonomie des Landes. Es ist schwer, das Fehlen von etwas zu beschreiben, das nie da war. Man kann Geschwister, Familienangehörige, Freunde vermissen, man kann sogar bedauern, dass man niemals einen Bruder oder eine Schwester gehabt hat, aber jemanden betrauern, der nie geboren wurde, ist schlichtweg unmöglich. Also bemerkt man die Abwesenheit nur dort, wo sie kompensiert werden muss.

»Etwas Eigentümliches hat sich in den vergangenen Jahren in Italien abgespielt«, sagt der Abgeordnete Giorgio Benvenuto in einem nahezu verschwörerischen Ton, »die Anzahl der Haustiere, die Anzahl der Katzen und Hunde, die zu Hause gehalten werden, hat sich drastisch erhöht. Multinationale Unternehmen, die Haustierfutter herstellen, boomen in unserem Land. Selbst wenn Sie den Fernseher anschalten, werden Sie überrollt von all der Werbung für Katzen- und Hundefutter. Das bedeutet, dass den Leuten etwas fehlt, worum sie sich kümmern können. Ich glaube, ihnen wird allmählich klar, dass es sich um ein Einsamkeitsproblem handelt, die Menschen fühlen sich einsam, einsam auch in der Masse.«[72]

Mit anderen Worten: Sie empfinden vorauseilend Einsamkeit, denn noch gibt es die Masse – zumindest in manchen Ländern. Und noch kann die Masse etwas bewegen. Was aber, wenn es sie nicht mehr gibt, was wäre wohl dann damals in Rumänien passiert, als Ceaușescu gestürzt wurde?

Der amerikanische Wirtschaftsprofessor Steven Levitt und Stephen Dubner, ein Journalist der *New York Times*, haben in *Freakonomics* einen Anwendungsfall für dieses Gedankenspiel geliefert.

1966 erklärte der Diktator Nicolae Ceaușescu Abtreibungen für illegal. Bis dahin hatte Rumänien bis zu vier Abtreibungen auf jede Lebendgeburt erlaubt. Ceaușescu wollte Bevölkerungswachstum, und Bevölkerungswachstum heißt Kinder, und die Art und Weise, wie er seitdem die Verhinderung von Abtreibungen kontrollieren ließ, wäre eine eigene Geschichte wert. Tatsache ist, dass sich die Geburtenrate innerhalb kürzester Zeit verdoppelte, der Staat mit den vielen Kindern aber nicht zurechtkam und sie in jenen Kinder- und Waisenheimen vegetieren ließ, von denen eine entsetzte westliche Welt erst nach Ceaușescus Sturz etwas erfuhr.

Die Stunde der Kinder – dreiundzwanzig Jahre waren die ältesten der von der Ceaușescu-Regel Betroffenen – aber kam 1989. »Das Abtreibungsverbot«, schreiben Levitt und Dubner, »blieb bis zum Ende der Ceaușescu-Herrschaft bestehen. Am 16. Dezember demonstrierten in den Straßen der westrumänischen Stadt Temesvár Tausende von Menschen gegen sein marodes Regime. Viele der Demonstranten waren Schüler und Studenten. Einer der Oppositionsführer, ein einundvierzigjähriger Professor, sagte später, seine dreizehnjährige Tochter habe darauf bestanden, dass er trotz seiner Furcht an den Protesten teilnahm. ›Es ist höchst interessant, dass wir von unseren Kindern gelernt haben, uns nicht zu fürchten‹, sagte er. ›Die meisten von ihnen waren zwischen dreizehn und zwanzig Jahre alt.‹ Einige Tage nach dem Massaker in Temesvár hielt Ceaușescu in Bukarest eine Ansprache vor Hunderttausenden von Menschen. Und wieder waren es die Jugendlichen, die sich nicht einschüchtern ließen. Mit ihren Rufen ›Temesvár!‹ und ›Nieder mit den Mördern!‹ machten sie Ceauşescu fertig. (…) Von allen kommunistischen Führern, die in den Jahren nach dem Zusammenbruch der Sowjetunion abgesetzt wurden, hat nur Nicolae Ceauşescu einen gewaltsamen Tod gefunden. Man sollte dabei nicht übersehen, dass sein Sturz maßgeblich von den rumänischen Jugendlichen herbeigeführt wurde – von denen viele ohne sein Abtreibungsverbot niemals geboren worden wären.«[73]

»Eine neue Generation ist ein neues Gehirn«, schreibt Gottfried Benn. Wenn dieses neue Gehirn nicht reicht, weil es zu wenige davon gibt, wenn sein Denken, seine Ideen nicht vernehmbar werden, dann setzt eine ganz neue Dynamik ein. Die, die nie geboren wurden, zetteln keine Revolution an. Aber ihre Abwesenheit in einer alternden und schrumpfenden Gesellschaft ist laut und vernehmlich. Sie, die nie geborenen Eltern von nie geborenen Kindern, sind die Vorhut einer *Evolution* unserer Gesellschaft. Deren Überschrift ist bis hin zum »Aufeinanderprallen der Kulturen«, dem Konflikt zwischen Islam und westlicher Welt, längst gefunden. In der Evolution, die unsere Gesellschaft erleben wird, werden zum ersten Mal seit Generationen die Karten neu gemischt – zwischen denen, deren Linien und Traditionen aussterben, und denen, die bleiben und sich durchsetzen. Gemischt wird zwischen Personen und Familien, zwischen der *Idee* der Person und der *Idee* der westlichen Familie, die ebenfalls ausstirbt und dem Nachwachsenden immer seltener vorgelebt wird, und es wird gemischt zwischen den Kulturen und Religionen, zwischen westlich-europäischer und muslimischer Kultur.

- Mit heute durchschnittlich rund 1,3 Kindern je Frau ersetzt die Kindergeneration in Deutschland nicht die Elterngeneration.
- Praktisch kein europäisches Land erreicht mehr ein Geburtenniveau, das notwendig wäre, um die Bevölkerungszahl ohne Zuwanderung zu halten.
- Eltern werden immer älter: Westdeutsche Frauen waren 1980 bei der Geburt eines Kindes durchschnittlich 27,1 Jahre alt, 1999 waren es bereits 28,9 Jahre. In Ostdeutschland hat sich das durchschnittliche Alter der Mütter im gleichen Zeitraum von 24,5 auf 27,5 Jahre erhöht.
- Der Anteil kinderloser Frauen in Westdeutschland ist heute mit rund fünfundzwanzig Prozent einer der höchsten in der Welt.
- Achtunddreißig Prozent der westdeutschen Akademikerinnen in der Altersgruppe zwischen fünfunddreißig und neununddreißig Jahren leben ohne Kinder.
- Zweiundzwanzig Prozent der Frauen des Geburtsjahrgangs 1955 haben keine Kinder bekommen. In Frankreich waren es im gleichen Geburtsjahrgang gerade mal acht Prozent.
- Die meisten Menschen halten eine harmonische Partnerschaft für die wichtigste Voraussetzung ihres privaten Glücks. Kinder finden sich in der Hierarchie der wichtigsten Werte mittlerweile erst auf Platz 6.

Wer heiratet wen?

Liebe fehlt – das war das Erste, was der Gesellschaft in den siebziger und achtziger Jahren aufgefallen ist. Über eine Welt ohne Liebe ist seither in unzähligen Büchern und Zeitschriften, auf Kongressen und Podien diskutiert worden, und das Buch des Psychoanalytikers Erich Fromm mit dem Titel *Die Kunst des Liebens* führte jahrelang weltweit die Bestsellerlisten an. Fromms Traktat war nichts anderes als eine Lektion in Altruismus, die später mit seinem Buch *Haben oder Sein* eine Fortsetzung fand. Freilich richtete sich dieser Altruismus an Liebende, an Paare – er setzte in Gang, was man seinerzeit »Beziehungsarbeit« nannte. Sie war für die damalige Generation von großem Reiz.

Ab dem Augenblick, da in der gesamten westlichen Welt das große Paargespräch über die Liebe begonnen hat, werden immer weniger Kinder geboren. Die Kunst des Liebens war keine Kunst der Fortpflanzung. Auch der Triumph der sexualisierten oder pornographischen Filme und Fotos war es nicht. Das Ergebnis ist, dass zu Beginn des einundzwanzigsten Jahrhunderts sogar der Satz »Ich liebe dich« nur noch im fremden Idiom kommunizierbar erscheint. Dieser simple Satz, der eine ganze Kultur in ihren Leidenschaften und Abgründen bestimmt, ist ab einem gewissen Grad der Intimität unübersetzbar geworden. Das ist deshalb bemerkenswert, weil in den vergangenen Jahrzehnten das Liebesbekenntnis die symbolische Basis fast jeder auf Nachwuchs zielenden sozialen Beziehung geworden ist. Wer Kinder will, braucht Ehe (oder eine vergleichbare feste Beziehung), wer Ehe will, braucht Liebe.

Das gilt auch für Gesellschaften, die kulturell anders geprägt sind als die unsere und oft fälschlich als Beispiele gegen den europäischen Romantizismus angeführt werden. »Die Chinesen, ebenso wie die Amerikaner, halten Liebe für entscheidend, um eine Ehe einzugehen. Dabei wurde leidenschaftliche Liebe, also sexuelle Anziehung, als weniger wichtig eingestuft als eine Form der Liebe, die längere Ehen aufrechterhalten kann.«[74]

Bei Frauen, die Anfang der sechziger Jahre eine Ehe ohne Liebe immerhin für möglich hielten, hat sich diese Überzeugung in den vergangenen vierzig Jahren sogar noch einmal dramatisch verfestigt.

»Es ist ein bemerkenswertes Ergebnis unserer Untersuchung«, so schreiben die Autoren einer soeben erschienenen amerikanischen Studie, Susan Sprecher und Maura Toro-Morn, »dass es für Nichtmuttersprachler oder zweisprachige Personen leichter ist, die Worte ›Ich liebe dich‹ in Englisch zu sagen als in ihrer Muttersprache – obgleich uns niemand sagen kann, warum das so ist.«[75] 2003 bewies die deutsche Filmwirtschaft, die gewöhnlich jeden Titel ins Deutsche übersetzt, die Triftigkeit der Beobachtungen mit dem Titel von Woody Allens Film *Alle sagen: I love you*.

»Ich muss sagen, die Dinge haben sich in letzter Zeit sehr geändert«, erklärte eine rumänische Studentin den beiden Wissenschaftlern der Universität New York. »Dreißig Jahre lang hörte ich ›I love you‹ nur im Fernsehen. Seit ich in den USA studiere, schickt mir mein Vater SMS-Mitteilungen, die mit den Worten enden: ›I love you.‹ Meine Mutter schreibt das nun auch in ihren E-Mails. Das ist ein gewaltiger Schritt für meine Familie – und für meine Kultur. Doch noch sagen meine Eltern es nicht zu meiner Schwester, die in derselben Stadt wie sie lebt.«[76]

Gefühle werden also zunehmend in Fremdsprachen mitgeteilt. Selbst vertraute Menschen tauschen Liebesbekenntnisse nicht mehr in ihrer Muttersprache aus, sondern nur noch in Englisch. Die folgende Passage belegt dies beispielhaft, sie stammt aus dem in Amerika ausgestrahlten Film, *Tango Finlandia*. Darin spricht ein Moderator mit einer in Finnland lebenden amerikanischen Journalistin namens Schultz, einem finnischen Literaturkritiker namens John Knutas und mit Arja Koriseva, einer berühmten finnischen Tangosängerin, über die Liebe:

Moderator: Sagen die Leute einander, dass sie sich lieben?
Schultz: Nein, mein Gott, nein, nein. Nicht einmal Liebespaare.
Knutas: Na ja, ich würde sagen, Sie können es einmal im Leben sagen. Nehmen Sie an, Sie wären zwanzig Jahre verheiratet gewesen, vielleicht liegt Ihre Ehefrau auf dem Sterbebett, und Sie könnten sie beruhigen, indem Sie ihr sagen: »Ich liebe dich.«
Moderator: (lacht)
Knutas: Das ist nicht lustig.
Koriseva: Es ist für mich einfacher, meinem Freund auf Englisch »I love you« zu sagen. Wir haben es so oft im Fernsehen gehört, in Filmen, es geht mir leichter über die Lippen als »Minä rakastan sinua«. Es klingt nicht sehr schön, wenn ich »Ich liebe dich« auf Finnisch sage.
Moderator: Sie wirken verlegen, wenn Sie das auf Finnisch sagen.
Koriseva: Ja, wir sagen das nicht so oft wie die Amerikaner.[77]

Dieses Protokoll einer »Fremdsprache der Liebe« belegt es: Die materielle Verpflichtung dessen, was wir Liebe nennen, ist schon sprachlich aus dem Wortkontext entkoppelt worden. Wie relevant das für unser gemeinschaftliches Empfinden ist, lässt sich schon daran erkennen, dass wir zu unseren Kindern kaum je »I love you« sagen würden. Gegenüber Kindern ist das Gefühl, dass Liebe Verpflichtung und auch Zwang und Not sein kann, schließlich viel ausgeprägter.

Liebe – schon das Wort wird rationiert und für jenen ernsten und entscheidenden Moment aufgespart, in dem mit einem Liebesbekenntnis auch die Familiengründung einhergeht. Liebe, die auf Nachwuchs zielt, wird zum großen Ausnahme- und Ernstfall des Lebens, und je wertvoller und seltener dieser Moment, desto mehr wird davon abhängen.

Wie viel, das zeigt eine wirkliche Pionieruntersuchung, die ein Doktorand des Max-Planck-Instituts für demographische Forschung bei dreißigjährigen Männern aus Ostdeutschland durchgeführt hat.[78] Junge Singlemänner, so das Ergebnis, reden viel enthusiastischer, positiver und engagierter über ihre möglichen Kinder als Männer, die in festen Beziehungen sind. Diese beginnen zu zögern, zu rätseln, nach dem richtigen Zeitpunkt und überhaupt der Richtigkeit der aktuellen Partnerin zu fragen – der Kinderwunsch ist mithin groß, solange er dem Reich der Phantasie zugehört und Rollenspiele erlaubt und solange Liebe *der* große und einzigartig utopische Moment ist. Er wird in jenem Augenblick zum Problem und Dilemma, in dem der Wunsch biologisches Schicksal wird. Leicht überspitzt ließe sich formulieren: Solange manche dieser Männer alleine waren, spielten sie gerne die Rolle des auf Kinder geradezu Versessenen, dem nur die richtige Frau zum Leben fehlt. Hat er diese Frau gefunden, ändert sich die Selbstdefinition: »Wenn Männer eine Familienorientierung der Partnerin erlebten und diese akzeptierten«, schreibt Holger von der Lippe, der die Untersuchungen durchführte, »nahmen sie diesen Bereich nicht mehr in dem Maße in ihre Selbstdefinition auf, sondern ›überließen‹ ihn gewissermaßen der Partnerin. Sie bewegten sich dann, um in einem Bild zu sprechen, im sicheren ›familiären Fahrwasser‹ der Beziehung und berichteten dabei doch etwas distanzierter über ›sich selbst als zukünftiger Vater‹.«[79]

Bei jungen Männern, das hat die Studie in Ostdeutschland gezeigt, hängt die Frage, ob sie sich jenseits der symbolisch aufgeladenen Liebe frühzeitig zu Nachwuchs entschließen, viel stärker vom Selbstbild des Einzelnen ab als bei Frauen. Junge Männer begreifen die Geburt von Kindern und die Gründung einer Familie als Lebens-, aber auch als Rollenproblem. Ihr Selbstverständnis ist von einer Kultur geprägt worden, die uns wieder zum Donner-Pass zurückführt: zur Wildnis des Lebens, in der angeblich der ungebundene junge Mann und allenfalls seine geliebte Partnerin überleben. Die Männer, die die Liebe zu ihrer Partnerin betonten, aber Kinder fast kategorisch ausschlossen, waren solche, die sich auf Nachfrage der Wissenschaftler selbst als frei, spontan und jugendlich empfanden – ganz so also, wie sich die jungen Männer vom Donner-Pass auch beschrieben hätten. Und wie bei diesen wird eine Krise, in diesem Fall der Mangel an heiratsfähigen und heiratswilligen Frauen, das Selbstbild lädieren.

Diese Rationierung der Liebe wird nämlich künftig für

viele junge Männer zu einem realen Notstand werden. Die Jungen, die in den kommenden Jahren zu Männern heranwachsen, müssen nicht nur weitaus radikaler als die Vorgängergeneration um Bildung kämpfen. Sie werden – auch in einigen Teilen Deutschlands – ganz neu um Frauen kämpfen müssen; ein Umstand, der in einem Land mit notorischem Frauenüberschuss ungewöhnlich ist. Denn selbst wenn in Zukunft viele Männer Väter werden wollten – sie werden mit einer Verknappung der heiratswilligen Frauen konfrontiert sein.

Männer heiraten meistens jüngere Frauen; Frauen neigen dazu, sich bildungsmäßig gleichwertige Partner auszusuchen, sie vermeiden es jedenfalls, durch Heirat sozial abzusinken. Da die Zahl der Geburten mit jedem Jahrgang abnimmt, werden immer mehr junge Männer um immer weniger Frauen in den unteren Geburtsjahrgängen kämpfen. Auf hundert Männer des Jahrgangs 1969 kommen dann nur knapp vierundsiebzig Frauen (die drei Jahre später, also 1972, geboren wurden). »Dieser Umstand betrifft nicht nur ein oder zwei Jahrgänge, sondern die überzähligen Männer summieren sich über mehrere Jahre.«[80]

In den neuen Bundesländern wird diese Situation sogar noch problematischer werden. Dort, und zunehmend in ländlichen Regionen des Westens, werden die Männer sich mit einem regelrechten Verteilungskampf um Frauen konfrontiert sehen. Die Überhitzung der Heiratsmärkte – man spricht vom *marriage squeeze* – wird in den Universitäts- und Großstädten zunächst kaum zu spüren sein. Doch in den neuen Bundesländern fehlen die jungen Frauen schon jetzt, weil sie, anders als die jungen Männer, ihr Glück auch in der Ferne suchen.

Franz-Xaver Kaufmann, ein sich sehr besonnen gebender Experte, notiert über diese Entwicklung: »Zunehmende Verarmung, Abwanderung, soziale Unruhen, neue extremistische Parteien, kollektiver Vertrauensverlust, vielleicht auch kollektive Erstarrungserscheinungen. Die Politikverdrossenheit, von der im Sommer 2004 angesichts der aktuellen Reformen der Arbeitsmarkt- und Sozialhilfepolitik dramatisierend gesprochen wurde, könnte traurige, dauerhafte Wirklichkeit werden. Je länger der Nachwuchs- und Bevölkerungsrückgang andauert, umso schwerer wird ihm ohne einen externen Schock zu entgehen sein, ein Schock so groß, wie ihn der Zweite Weltkrieg für Frankreich darstellt.«[81]

Die Berechnungen des Berlin-Instituts für Bevölkerung und Entwicklung haben ergeben, dass es – anders, als es das Vorurteil will – die jungen ostdeutschen Frauen sind, die zu Bildungsmigranten werden. Seit der Wende sind rund 1,5 Millionen Menschen aus den neuen Bundesländern in den Westen abgewandert; darunter waren überdurchschnittlich viele achtzehn- bis neunundzwanzigjährige Frauen. »Die Frauen«, so das Berlin-Institut, »verlassen den Osten auf der Suche nach Arbeit. Und sie streben bei der Partnersuche tendenziell nach höherem gesellschaftlichem und ökonomischem Status. Die zurückbleibenden Männer sind daher häufig gering qualifiziert und arbeitslos. Dieser Umstand beschleunigt den Bevölkerungsschwund noch. Denn Männer am sozial unteren Ende des Heiratsmarktes finden, statistisch gesehen, selten eine Partnerin zur Familiengründung.«[82]

Selbst wenn diese Frauen in ihre Heimat zurückkehren sollten – was höchst unwahrscheinlich ist –, spricht nichts dafür, dass sie die dort verbliebenen Männer heiraten werden. Was aber geschieht mit den überzähligen zurückgelassenen Männern? Was geschieht, wenn sie aufgrund einer schlechten Ausbildung sowohl ohne familiäre als auch ohne berufliche Perspektive leben? Männer im heiratsfähigen Alter, die keine Chance haben, eine Partnerin zu finden, sind anfälliger für Depressionen, für Aggressivität, Gewalt, männerbündisches Verhalten und politischen Extremismus, dafür sprechen alle Belege.

»Bei einem unverheirateten Mann zwischen vierundzwanzig und fünfunddreißig Jahren«, schreibt der amerikanische Publizist Robert Wright, »liegt die Wahrscheinlichkeit dreimal höher, dass er einen anderen Mann ermordet, als bei einem verheirateten. Einige dieser Effekte erklären sich ohne Zweifel damit, dass nur bestimmte Männer heiraten und andere nicht. Aber ein anderer Teil der Erklärung liegt in den ›befriedenden Wirkungen‹ der Ehe. Mord ist nicht das Einzige, was ein ›unbefriedeter‹ Mann mit größerer Wahrscheinlichkeit tun würde. Er geht auch mit weitaus größerer Wahrscheinlichkeit Risiken ein – zum Beispiel Überfälle –, um die Ressourcen zu haben, die Frauen anziehen könnten. Es besteht eine größere Wahrscheinlichkeit, dass es zu Vergewaltigungen kommt, zu Drogenmissbrauch und Alkoholismus.«[83]

Gegenseitiges Anfeuern zu riskantem Verhalten, die Bereitschaft, sich Mutproben zu unterwerfen – all das, so haben Experimente gezeigt, setzt sich ebenfalls bei Männern von der Pubertät bis ins Erwachsenenalter hinein fort, wenn im Lebensumfeld die jungen Frauen fehlen. Und es potenziert sich noch, wenn die eigene Familie nur noch aus älteren Verwandten besteht.

Das wird in einer Filmszene wunderbar deutlich: Orson Welles spielt in *Compulsion* von Richard Fleischer (1959) einen Anwalt, der zwei wegen eines sadistischen Mordes an einem Kind verhaftete, gelangweilte Wohlstandsjünglinge über ihre sozialen Bindungen aushorcht: »Keine Freundin?«, fragt Welles betroffen. In diesem Moment kommt die tatsächliche Ursache der Gewaltverbrechen, von denen dieser Film erzählt, ans Licht.

Das durch Abwanderung von jungen Frauen und gleichzeitigen Geburtenschwund hervorgerufene Problem überschüssiger Männer wird insbesondere dort auftreten, wo die jungen Männer wegen fehlender Bildung keine Chance haben, sich selbst in Bewegung zu setzen. In China und Indien, wo es aus ganz anderen Gründen zu einem Männerüberschuss gekommen ist – schätzungsweise einhundert Millionen Mädchen fehlen dort, weil sie vor der Geburt abgetrieben wurden –, gibt es mittlerweile ganze Regionen, in denen Männer ohne jede Hoffnung auf Familie und Fortpflanzung leben; sie werden die nackten Äste (*bare branches*) der Familie genannt.

Bei uns wird es nicht weniger junge Frauen geben, aber jeweils weniger Frauen in der nächsten Generation: Veränderungen, die durch das Familien- und Fortpflanzungsverhalten von Menschen hervorgerufen werden, die Alterung der Gesellschaft ebenso wie deren Schrumpfung, verstärken die »biologischen« Effekte. Eine Gesellschaft mit überproportional vielen jungen Menschen ist anders als eine, in der es wenige Junge gibt.

Das Testosteron-Niveau bei Männern, die sich verlieben und dann heiraten, so haben Untersuchungen der neunziger Jahre gezeigt, sinkt gleichsam im »Umfeld« dieser Entscheidung: »Das Testosteron-Niveau fällt während der Jahre nach der Heirat. Diese sich verändernden Testosteron-Werte können erklären, warum es weniger Kriminalität unter verheirateten Männern gibt.«[84]

Hohe Testosteron-Werte, verbunden mit Arbeitslosigkeit und niedrigem Status auf dem Heiratsmarkt, verstärken asoziales Verhalten und befördern fast alle Formen der Aggressivität. Je mehr heiratswillige Männer, die aus demographischen oder sozialen Gründen daran gehindert werden zu heiraten, desto höher auch der Grad des zirkulierenden Testosterons sowie »der Anteil asozialen, gewalttätigen und kriminellen Verhaltens, das diese Männer an den Tag legen werden«.[85]

Die Generation, die mit der *Kunst des Liebens* und vielen Gleichaltrigen groß geworden ist, kann sich nicht vorstellen, dass es eine Verknappung von Beziehungsoptionen geben kann. Wir selbst halten das in Zeiten von Internet und Fernsehen für schwer vorstellbar. Unsere Köpfe, so scheint es, sind doch von Menschen geradezu bevölkert. Und genau das ist, wie wir sehen werden, das Problem.

Wer spielt wen?

Kinder müssen Kinder erleben, um später Kinder zu wollen. Erwachsene müssen andere Erwachsene mit Kindern aufwachsen sehen, um Familien zu wollen. Das zeigt deutlich, welche Macht das Sehen hat. Und damit sind wir bei der Macht des Fernsehens. Was geschieht, wenn man seinen Lebensraum tatsächlich im Wortsinn nur noch »fern sieht«?

Immer mehr spricht dafür, dass es die Rollen sind, die die moderne Medienindustrie den Menschen zuweist, die ihr soziales Verhalten so radikal beeinflussen. Die Idee vom ungebundenen Einzelnen, die die Kunst einst so aggressiv erfunden hat, ist durch die elektronischen Medien zur Norm gemacht worden.

Es ist kein Zufall, dass in dem Augenblick, als in Deutschland die Geburtenrate unter das bestandserhaltende Niveau gesunken war, das Fernsehen damit begann, soziale Netzwerke mit Familienserien gleichsam künstlich herzustellen. Sie wurden simuliert.

Das Fernsehen hat Staaten revolutioniert. Es revolutioniert aber auch den Einzelnen und dessen Vorstellungen von Familie. Es hat einen Umwandlungsprozess in Gang gesetzt, der weltweit beobachtet wird und sich mit großer Geschwindigkeit noch in die entferntesten Gegenden der Erde verbreitet.

Von allen Frauencharakteren, die 1975 in Spielfilmen des deutschen Fernsehens zu sehen waren, hatten nur 22,7 Prozent ein oder mehrere minderjährige Kinder. In einer damals veröffentlichten Studie – wir befinden uns bereits in der Phase der sinkenden Geburtenraten – bemängeln die Verfasser, dass selbst in der ohnehin schon kleinen Gruppe der Mütter nur ein kleiner Teil überhaupt gemeinsam mit den Kindern auf dem Bildschirm zu sehen ist. Es sei erstaunlich, »welche geringe Rolle Kinder für das Leben der in den Spielhandlungen des Fernsehens dargestellten Frauen spielen. Das Verhältnis zu Kindern wird nur am Rande thematisiert«.[86]

Dreißig Jahre später – mittlerweile gibt es unzählige Fernsehsender, ein buntes Vierundzwanzig-Stunden-Vollprogramm und außerdem eine Geburtenrate, die nur noch halb so hoch ist wie die von 1964 – stellt eine Studie aus dem Jahr 2005 des Adolf Grimme Instituts fest, »dass in Sendungen mit Spielhandlung 54,8 Prozent der Männer und sogar 56,1 Prozent der Frauen kinderlos sind! Ein Kind haben 11,3 Prozent der Frauen und 8,3 Prozent der Männer, zwei Kinder 6,8 Prozent der Frauen und 4,8 Prozent der Männer. Mehr als zwei Kinder nur 3,3 Prozent der Männer und 3,1 Prozent der Frauen. Bei einem Viertel der Protagonisten ist gar nicht identifizierbar, ob sie ein Kind haben oder nicht«.[87]

Das legt den Schluss nahe, dass im Fernsehen bereits vor Jahrzehnten eine Parallelgesellschaft mit einer Macht entfaltet worden ist, die Tatsachen nicht nur ignorieren, sondern offenbar selbst Tatsachen schaffen kann. Bei der Gruppe der wichtigsten Identifikationsfiguren des Fernsehens, den weiblichen und männlichen Kriminalkommissaren, liegt die fiktive Geburtenrate bei 0,29, in Fernsehfilmen bei 0,48.

In der erfolgreichsten deutschen Familienserie, *Gute Zeiten, schlechte Zeiten*, gibt es keine einzige Normalfamilie, stattdessen:
- Singles und nichteheliche Lebensgemeinschaften
- eine kinderlose Ehe
- Living-Apart-Together-Konstellationen
- eine Stieffamilie, die gleichzeitig eine binukleare Familie (zwei Haushalte, zwei Väter) ist
- eine Fortsetzungsehe (sukzessive Ehe)
- nichtexklusive Beziehungsformen (vulgo: Beziehungen mit Seitensprüngen)
- Haushalte mit mehr als zwei Erwachsenen

Diese Abweichungen von der Normalfamilie werden in *GZSZ* nun auch noch beliebig miteinander kombiniert.[88]

Das Gleiche gilt für die *Lindenstraße* und für praktisch alle Familienserien. Es gibt nur noch eine einzige traditionelle, »normale« Kernfamilie im Fernsehen, und der Grimme-Bericht nennt sie beim Namen: Es sind die Simpsons aus der gleichnamigen Zeichentrickserie. Am Ende einer langen Leidens- und Glücksgeschichte bleibt von der Darstellung einer Familie nur deren zweidimensionale Ansicht. Die Simpsons haben blaue Haare und einen rüden Umgangston, aber sie haben auch das, was die Demographen für zwingend notwendig halten, um den Bestand unserer Gesellschaft zu erhalten: Eltern und drei Kinder. Wie absurd uns das vorkommt, wird durch *Die Simpsons* deutlich: Dem angeblichen Ideal begegnen wir bloß noch als Karikatur.

Das Fernsehen zeigt uns, wie wir uns gerne sehen. Zwischen unseren eigenen Dramen und dem vorgeführten Familienleben klafft ein gewaltiger Widerspruch. Die nahe liegende Frage also lautet: Sind die Familienserien gerade deshalb so erfolgreich, weil sie eine Mikroökonomie zeigen, die bereits auf den Bankrott berechnet ist? Weil sie Minigesellschaften des Einzelnen abbilden, die bereits in die fidele Endphase sozialer Auflösung eingetreten sind?

Mittlerweile spricht vieles dafür, dass das so ist. Vor einigen Jahren erschien in den Vereinigten Staaten ein viel diskutiertes sozialwissenschaftliches Werk von Robert Putnam unter dem eingängigen Titel *Bowling alone. Über den Untergang und die Wiedergeburt der amerikanischen Gesellschaft*.[89] Putnam zeigte darin, dass die amerikanische Gesellschaft nunmehr aus hoch individualisierten, isolierten und unkommunikativen Einzelnen bestand. Das Buch war, wie einige von Putnams Kollegen mit etwas Neid registrierten, eine Sensation und brachte dem Autor eine Begegnung mit Bill Clinton und ein großes Porträt im Magazin *People* ein.

Putnam gelangen faszinierende, längst sprichwörtlich gewordene Einblicke, und die Details öffneten plötzlich den Blick für das Ganze. Als beispielsweise die amerikanischen Stadtplaner und Architekten damit aufhörten, Wege durch die Vorgärten zu legen, die die Reihenhäuser in den Wohnsiedlungen miteinander verbanden, sank der nachbarschaftliche Verkehr auf ein Minimum. Die These war nicht neu, aber neu erzählt.

Dass der Einzelne in seinen zwischenmenschlichen Beziehungen verarmt, gehört zum Grundbestand der Kultur- und Gesellschaftskritik des vergangenen Jahrhunderts; dass er immer seltener im Zentrum von Netzwerken und Beziehungsgeflechten steht, die es ihm ermöglichen, sein Leben in der Gemeinschaft zu meistern, ist die Botschaft, mit der die heutige Generation Erwachsener groß geworden ist.

Und über die Jahre ist dann genau das geschehen, was die Theorie der jedes Jahr erscheinenden Studien und der Alltagsverstand vorausgesagt haben: Je mehr sich der Einzelne in die Scheinwelt des Fernsehens flüchtet, desto mehr koppelt er sich von der Umwelt ab und setzt eine Spirale der Isolation in Gang, die ihn schließlich zum unglücklichen Robinson Crusoe der modernen Großstädte macht.

Aber Robinson Crusoe hat sich Ersatz besorgt. Denn es fällt auf, dass die heutigen Einsamen gar nicht das Gefühl haben, dass ihnen etwas fehlt.

Eine Umfrage der Universität Chicago ergab, dass sich im Laufe der vergangenen zehn Jahre die Zufriedenheit mit den eigenen Freundschaftsnetzen deutlich verstärkt hat, obgleich bei den Befragten in Wahrheit viele Beziehungen schwächer geworden sind oder sich gar aufgelöst haben.

Wie ist das möglich? Die Menschen verwechseln offenbar tatsächlich das, was wir im Fernsehen sehen, mit der Wirklichkeit, und zwar freiwillig und gerne. Schon vor fünf Jahren diagnostizierte Robin Dunbar die Auswirkungen implodierender sozialer Netzwerke. Mit guten Gründen bezweifelte er, dass Internet und Fernsehen den tatsächlichen und direkten Kontakt mit Familienmitgliedern und Freunden auch nur annähernd ersetzen könnten. Und er sagte voraus: »Es würde mich nicht wundern, wenn sich herausstellte, dass die Personen der Fernsehserien die Funktion echter Personen im Beziehungsgeflecht übernehmen, wenn der Umfang dieses Geflechts aufgrund der sozialen und wirtschaftlichen Situation deutlich unter der natürlichen Grenze von einhundertfünfzig Personen liegt.«[90]

Offenbar hat es diesen Übertritt zu den Parallelwelten unserer Gesellschaft gegeben. Satoshi Kanazawa zeigte, dass immer weniger Menschen zwischen wirklichen Freunden und »Fernsehfreunden« unterscheiden können. Konsequent nannte Kanazawa seine Untersuchung, in Anlehnung an Putnam, *Bowling alone with one imaginary friends – Alleine kegeln mit fiktiven Freunden*.

Das Beunruhigende ist, dass die Zuschauer damit begonnen haben, ihre Fernsehfreunde in ihr Leben zu integrieren und von ihnen zu lernen. Zunächst macht das Fernsehen sie wirklich glücklich. Frauen, die viele Soaps schauen, haben das Gefühl, dass sie wunderbare Freundschaften führen: »In Abhängigkeit von der Gesamtstundenzahl, die diese Frauen dafür aufwenden, Fernsehen zu schauen, lässt sich feststellen, dass Frauen, die mehr Fernsehdramen und Sitcoms sehen (von denen viele Familien und andere primäre Verwandtschaftsgruppen zeigen), bedeutend zufriedener mit ihren Freundschaften waren als andere.«[91]

Eine Gesellschaft, die kaum noch Kinder bekommt, bevölkert ihr Bewusstsein mit imaginären Freunden, die kein Statistisches Bundesamt verzeichnet. Das Erstaunliche daran: Diese fiktiven Freunde spielen keine geschlossene soziale Rolle; sie sind, wie das Adolf Grimme Institut herausfand, alles zugleich: Schwager, Schwester, Bruder, Neffe, Freundin – so wie jener Childerich von Bartenbruch, mit dem Heimito von Doderer einst satirisch die »totale Familie« erledigte. Aber die Fernsehspiele sind keine satirischen Stücke. Sie lassen, wie sich nachweisen lässt, in den Köpfen nicht nur immer weniger Raum für Menschen aus Fleisch und Blut, sondern besetzen ihn auch in der wirklichen Welt.

»Die Analyse der Daten«, so Satoshi Kanazawa, »zeigt, dass die subjektive Zufriedenheit mit Freundschaftsnetzwerken im Fernsehen derjenigen im wirklichen Leben entspricht. Frauen haben das Gefühl, mehr unter Freunde zu kommen, wenn sie Sitcoms und Soap-Operas sehen, Männer, wenn sie Fernsehnachrichten und Sportsendungen schauen. Das jedenfalls glaubt unser Gehirn. Fernsehen *ist* offenbar unsere Art, am gesellschaftlichen Leben teilzunehmen (*participating in civic groups*), weil wir eben gar nicht merken, dass wir nicht daran teilnehmen.«[92]

Wir alle, vor allem aber unsere Kinder, werden jeden Tag

und jeden Abend mit Scheinfreundschaften, Scheinkonflikten, Scheinschwangerschaften und Scheinehen abgespeist. In diesen Kammerspielen, die fast nie einen anderen Schauplatz kennen als Wohnzimmer-, Küchen-, Schlafzimmer- und Kaffeehauskulisse und die gleichwohl von Millionen gesehen werden, verbindet sich privates mit öffentlichem Bewusstsein zu einem neuen Kosmos. Dieser wird Bestandteil des Lebensalltags der Menschen und in den entsprechenden Gerichts- und Scheidungsshows gewissermaßen noch um ein Nachspiel erweitert.

Dann ist doch alles gut, könnte man jetzt sagen. Genau das wollten wir doch: Geschichten, in denen wir uns wieder finden, und Helden, in deren Schicksale wir hineinschlüpfen können. Und wenn sich die Menschen glücklicher fühlen mit eingebildeten Freundschaften, dann kann sich doch keiner beklagen.

Aber leider fordert der Ausflug in die Welt der Träume – ganz gleich, ob es sich um Drogen oder Soap-Operas handelt – seinen Tribut immer in der Welt der Wirklichkeit.

Fernsehfreunde sind unfruchtbar, und sie kommen nicht, wenn Hilfe gebraucht wird. Sie suchen einen nicht in Summerland und retten einen nicht auf dem Donner-Pass. Sie gehen auch keine Verträge ein, die soziale Kooperationen möglich machen. Und das Leben, das sie führen und das für viele Menschen Vorbild ist, ist ein Leben, das von keiner realen Person geführt werden kann.

Umso beunruhigender, dass immer mehr Menschen genau das versuchen – und uns das jetzt bewusst wird. Dabei kommt es nicht einfach nur zu einer Verfremdung der Werte, sondern es handelt sich bereits um eine Verhaltensänderung. Was geschieht mit einer Gesellschaft, die Kinder zunehmend nicht sieht, zunehmend nicht erlebt, aber stattdessen Lebensformen fiktiv teilt, die Kinder und Familien ausschließen?

Vermutlich unterschätzen wir die Überredungsgewalt der Medien auf unser Gemeinwesen und auf die Lebensentscheidungen des Einzelnen. Viele haben bisher geglaubt, die Veränderung von Familienstrukturen durch die Macht der Medien sei eine Erscheinung moderner Metropolen der westlichen Welt. Aber die Medien verändern *alles*, sie beeinflussen jede Sozialbeziehung, auch die der ländlichsten Gebiete dieser Erde. Um es auf unser Thema zuzuspitzen: Heute lässt sich an der Zahl der Stunden, die eine brasilianische Frau damit zubringt, sich Telenovelas anzuschauen, genau vorhersagen, wie viele Kinder sie haben wird.[93] Wie zum Beispiel die Frauen in Arembepe.

Arembepe ist eine kleine, im Sommer stark vom Tourismus geprägte Küstenstadt in Brasilien. Während der vergangenen vierzig Jahre hat diese Gemeinde dramatische Veränderungen erlebt: Aus einem verschlafenen Fischerdorf mit Staubpisten und Palmdächern wurde eine moderne kleine Stadt mit enormen Wachstumsraten.[94]

Die Straßen sind längst asphaltiert, seit 1976 gibt es überall Elektrizität, ein Gymnasium wurde eröffnet, die medizinische Versorgung ist gut. Überall stehen kleine Apartmenthäuser, manche wurden im Laufe weniger Jahre immer weiter aufgestockt. Der Tourismus ist eine Haupteinnahmequelle für die Einwohner, wenngleich es immer noch viele Fischer gibt.

Nicht weit von Arembepe liegt Coqueiros, ein kleines Dorf mit sechshundert Einwohnern, das eine andere Entwicklung genommen hat. Bis vor kurzem hatten noch immer nicht alle Häuser Strom, die Straßen sind dreckig und im Winter oft unpassierbar. Viele Bewohner arbeiten als Tagelöhner auf umliegenden Farmen oder betreiben selber kleine Bauernhöfe. Sie sind viel ärmer als ihre Nachbarn und auch sonst vom Schicksal kaum begünstigt.

Offenbar haben die beiden Orte wenig miteinander gemein. Stadtplaner, Demographen, Historiker würden natürlich Gemeinsamkeiten finden: Es leben dort Brasilianer, die katholische Kirche spielt immer noch eine große Rolle, die Busse und Taxis stammen von denselben Herstellern und so weiter. Aber die tatsächliche Übereinstimmung liegt nicht nur in den äußeren Strukturen, sie ist durch einen Knopfdruck herzustellen, und dieser Knopfdruck am späten Nachmittag aktiviert ein Netzwerk, das Arembepe mit Coqueiros und diese mit schätzungsweise achtzig Millionen anderen Brasilianern verbindet. Dann schalten etwa fünfundneunzig Prozent der Fernsehzuschauer Globo Network ein und sehen sich eine der täglich dreimal laufenden Telenovelas an, und der einzige Unterschied besteht darin, dass sie auf den Fernsehapparaten von Coqueiros vorwiegend in Schwarzweiß laufen und in Arembepe in Farbe.

Brasilien, das in Europa noch immer als junges, sehr bevölkerungsstarkes Land gilt, altert im Augenblick dreimal so schnell wie die Niederlande – das ist ein Wert, der noch vor einem Jahrzehnt für ein Schwellenland als völlig unwahrscheinlich galt und zeigt, wie rasch sich demographische Gewissheiten eines ganzen Jahrhunderts in nichts auflösen können. Seit 1975 hat sich die Fertilitätsrate praktisch halbiert. Und wer, wie die amerikanische Sozialwissenschaftlerin Janet Dunn, dabei ist, wenn nachmittags die

Fernsehgeräte eingeschaltet werden, erkennt, welchen dramatischen Anteil das Fernsehen an dieser Entwicklung hat.

Für ihre Untersuchung über den Einfluss des Fernsehens auf die Fortpflanzungsraten hatte Janet Dunn das reiche Arembepe und das arme Coqueiros über einen langen Zeitraum hinweg beobachtet.[95] Sie hörte zu, wenn die Bewohner über die Charaktere der Telenovelas diskutierten, sich gegenseitig deren fiktionale Lebensgeschichten erzählten und darüber moralische Urteile abgaben.

Verwunderlich ist: Viele Dorfbewohner – vor allem Frauen – lebten ihre sozialen Beziehungen in den Telenovelas aus. Selbst Frauen aus Coqueiros, die die tägliche Nachrichtensendung sogar zu ihrer Lieblingssendung erklärt hatten, taten dies zu weit mehr als achtzig Prozent.

Die Identifikation war so durchschlagend, dass schon nach kurzer Zeit alle Bewohner der beiden Gemeinden, vom Greis bis zum Kleinkind, mit allen Details der Verstrickungen und Verflechtungen in den sozialen Netzwerken der Telenovelas vertraut waren. Die maßlos übertriebenen, oft grotesk unrealistischen Lebensprobleme und Verhaltensauffälligkeiten der Fernsehfreunde und -familien wurden auf eigene Verwandte und Freunde übertragen, sodass plötzlich das wirkliche Lebensumfeld Züge des Fernsehdramas annahm.

Diese Bindung ist deshalb so bemerkenswert, weil auch in Brasilien, deutlicher noch als in Deutschland, das Fernsehen unrealistische und letztlich unerreichbare Lebensformen verkauft. Das gespielte Weltbild läuft der erlebten Welt der Zuschauer zuwider, hat aber die Kraft, Verhaltensweisen in der wirklichen Welt zu verändern.

Die meisten können sich auch nach dem Abspann keine

einzige Requisite des Fernsehlebens leisten. Tatsächlich wird die Gesellschaft via Fernsehen nicht, wie das Harvard Center for Population and Development Studies feststellt, durch die Güter der Moderne beeinflusst, sondern durch ihre Ideologie, und dies offenbar mit einer Geschwindigkeit und einer Durchschlagskraft, die noch vor wenigen Jahren kein Mensch erwartet hätte. Die gespielten Werte, Einstellungen, Handlungen der Telenovelas sind für die Zuschauer ebenfalls Produkte, aber viel erreichbarer als die teuren Autos, die das Serienpersonal fährt, die riesigen Wohnungen, die es bewohnt, und die Kleidung, die es trägt.

Es geht nicht nur darum, dass die Fernsehsendungen bestehende Beziehungsgeflechte korrumpieren. Die Losung, die in all diesen Fernsehdramen vermittelt wird, lautet: Soziale Beziehungen funktionieren grundsätzlich nicht. Ihre kulturelle Botschaft wiederum lautet: Erfolge und persönliche Leidenschaften sind mit Kindern nicht übereinzubringen. Eine Funktion des Fernsehdramas ist es offenbar, eine Lizenz dafür zu schaffen, keine sozialen Beziehungen in der Wirklichkeit eingehen zu müssen. Sie ersetzen Mann, Frau, Eltern oder Kinder.

Die Figuren in diesen Sendungen tun vieles von dem, was ein Durchschnittsmensch auch tun würde, der seine Sozialkontakte wie ein Spiel organisieren kann – allerdings mit einer sehr wichtigen Ausnahme: Sie schauen keine Soap-Operas in der Soap-Opera. Im Gegensatz zu den vielen Menschen weltweit, die aber gerade aufgrund dieser Sendungen ihre Einstellung zum eigenen Leben ändern, da sie das Gefühl bekommen, dass das »normale« Leben sie zu Zeichentrickfiguren, zu Karikaturen der Wirklichkeit macht.

Die erst bei näherer Betrachtung skurrilen Familienstrukturen und Lebensverläufe in den Fernsehspielen werden von den Zuschauern deshalb so sehr als Chance für ihr eigenes Leben begriffen, weil es sich um ein Karussell intimster Beziehungen handelt, die auf ein Stichwort hin nicht nur von der eigenen Familie, sondern auch vom Freundeskreis, von den Dörflern, von den Kollegen am Arbeitsplatz, von den Käufern und Verkäufern in der Stadt, ja, selbst von der Politik des Landes verstanden werden.

Das Repertoire von Verhaltensweisen muss man sich wie ein Skript für das wirkliche Leben vorstellen. Zuschauer preisen die Familienkonflikte in den Fernsehsendungen, weil sie ihnen angeblich Lösungsmöglichkeiten für ihre eigenen Konflikte im Alltag anbieten. Doch erst wenn man sich genauer ansieht, welche Art von Krisen in den Telenovelas gezeigt werden, wird klar, dass hier ein Paralleluniversum entstanden ist, das, wie das Universum der Globalisierung für die westeuropäischen Gesellschaften, neben dem Leben existiert und zugleich das eigentliche Leben ersetzt, ohne dass man wüsste, wie man von der einen in die andere Welt fliehen könnte.

Tatsächlich geht es in den Telenovelas gar nicht um relevante Konflikte. Die meisten Charaktere verschwenden kaum Gedanken über Nachwuchs oder Erziehung; die Männer sind reiche, machthungrige Großstadtbewohner und die Frauen die wahren Heldinnen. Sie kontrollieren ihre Umwelt, ihr Schicksal und ihren Körper. Kinder kommen nur am Rande vor; fast immer sind sie in der Schule oder in der Obhut von Kindermädchen. Sie taugen einzig als Bezugspunkt im Gespräch unter den Erwachsenen – als Abwesende sind sie in etwa so entfernt wie die toten Ahnen.

»Die Telenovelas«, schreibt der amerikanische Publizist Phillip Longman, »verstärken die kulturelle Botschaft, die auch den Hollywood-Filmen und dem weltweiten nordamerikanischen Kulturexport eigen ist: Menschen, die reich sind, Menschen, die wissen, wo es langgeht, Menschen, die frei und erfüllt leben – das sind die Menschen, die maximal ein oder zwei Kinder haben und die nicht zulassen, dass die Rolle als Mutter oder Vater ihr aufregendes Leben dominiert.«[96]

»Die Telenovelas haben mit meinem Leben nichts zu tun. Im Fernsehen ist alles leicht, in meinem Leben ist alles schwer«, sagte eine Sechzehnjährige zu Janet Dunn.[97] Und dennoch waren es gerade diejenigen, die das Fernsehen für ein Märchen hielten, die den Einfluss der Sendungen auf ihr eigenes Verhalten und ihren Wertekanon massiv unterschätzten. Alle, die glaubten, die Fernsehwelten seien nicht realistisch, sagten zugleich mit absoluter Überzeugung, das Fernsehen habe ihr Leben überhaupt nicht verändert. Das war eine Illusion.

Besonders deutlich zeigte sich das, als Frauen in den beiden Gemeinden danach befragt wurden, ob die Telenovelas ihren Kinderwunsch beeinflusst hätten. Das verneinten selbstverständlich alle. Auf die Frage, wieso sich dann aber im Laufe von noch nicht einmal einer Generation das Fortpflanzungsverhalten derart reduziert habe, gaben die meisten an, Kinder zu haben sei »zu teuer« geworden. Für die Landbewohner traf das allerdings überhaupt nicht zu. Gerade die Ältesten erinnerten sich an die Spareffekte, die eintreten, wenn man vier oder fünf Kinder aufzieht.

Gemeint war etwas ganz anderes: der Wunsch, dem einzelnen Kind jene Perspektiven zu bieten, die in den Telenovelas vorgegeben wurden und die in der Tat mit hohen Kosten verbunden waren. Anthropologen haben darauf hingewiesen, dass die Vorstellung, es sei »teuer«, Kinder großzuziehen, in Arembepe bis Anfang der siebziger Jahre überhaupt nicht vorhanden war.

Die Bewohner dieser beiden brasilianischen Dörfer, ebenso wie die Einwohner Berlins, Münchens und New Yorks, besitzen imaginäre Freundschafts- und Verwandtschaftszirkel, die ausschließlich im Fernsehen leben und dennoch elementare Verhaltensweisen steuern und beeinflussen. Wo der wirkliche Freund oder der leibhaftige Verwandte um Hilfe angegangen wird, da wird das fiktive Personal unserer Netzwerke als Rollenmodell genutzt.

Wieso geht das so schnell? Wie kann das Fernsehen in so kurzer Zeit so ungeheuer wirkungsvoll sein? Die Antwort liegt auf der Hand: Seine Verbündeten sind die Frauen – die Frauen als Zuschauer und die Frauen als Heldinnen der Fernsehfiktionen. Die Telenovelas, die großen Erzählungen unserer Zeit, handeln von Frauen, werden von Frauen gesehen und verändern das Rollenbild von Frauen. Die Frage, wie ein weiblicher Charakter sich im Laufe der Zeit entwickelt, ob er – so das Ideal der Zuschauer – sowohl unabhängig als auch familienfähig wird, beschäftigt ganze Landstriche. Erst wenn diese Rollenentwicklung verhandelt worden ist, ganz am Ende einer unendlich langen Strecke und eigentlich schon zu spät, dann nämlich, wenn die Familien ab- und aussterben, stellt sich die Frage, wer wirklich lebt und wer erfunden ist.

Wer informiert wen?

Wenn man Drei- bis Fünfjährige fragt, wie Geld verteilt werden sollte, schlagen Mädchen häufiger als Jungen vor, dass es *gerecht* geschehen solle. Vielleicht lässt deshalb die Gesellschaft im Augenblick Frauen darüber entscheiden, wessen politische Argumente gehört werden dürfen; bis vor wenigen Jahren übernahmen ja noch hauptsächlich Männer diese Aufgabe. Frauen leiten die Talkshows, in denen die Nation ihre Selbstverständigung sucht. Sie bestimmen dabei über die Länge der Redebeiträge. Sie benoten Triftigkeiten, meistens nur mit dem Mienenspiel. Die Talkshow ist heute ein vorpolitischer Raum, in dem familiäres Urvertrauen zurückgewonnen werden soll.

Wir wissen alles. Wir haben Zugang zu allen Medien, zu Fernsehen, Zeitungen, Internet. Wir haben Landkarten, auf denen der Kurs verzeichnet ist, GPS-Empfänger, die unseren Standort bestimmen, und neuerdings können wir jedes Dorf auf der Welt im Wohnzimmer per Satellit betrachten. Es sage also keiner, wir hätten nicht den Überblick.

Heute vermögen Taxifahrer in Princeton Einsteins Relativitätstheorie zu erklären.[98] Fast jeder Deutsche kann einen Aufsatz über die Globalisierung und deren Auswirkungen auf den heimischen Arbeitsmarkt schreiben. Wir sind mithin in der Lage, aus dem Stand über weltweite ökonomische Sachverhalte zu referieren. Eine Rentnerin, die die Medien nutzt, kann über die Probleme der indischen Telekommunikationsindustrie mitdiskutieren und ein Schüler über die strukturelle Ungerechtigkeit der Mehrwertsteuererhöhung.

Das wären tatsächlich auch die Fragen, mit denen sich

eine Rentnerin und ein Schüler in Deutschland auseinander setzen würden. Denn der einzige verbindende Diskurs im Land ist heute ein wirtschaftspolitischer Metadiskurs. Eine Auflistung der Überschriften, unter denen die Politik-Talkshows in einem Jahr angetreten sind, hat ergeben, dass nicht nur fast alle Themen Untergangsthemen, sondern fast ausnahmslos auch Wirtschaftsthemen waren. Die prominenteste und einflussreichste dieser Gesprächsrunden wird sonntags nach dem Verbrechen der Woche ausgestrahlt.

Millionen Menschen verfolgen aus ihren mikroökonomischen Zellen, ihren Kleinfamilien oder Singlehaushalten, wie Ökonomen über Weltwirtschaft und Globalisierung reden. Die Sanierung der Sozialsysteme, der Abbau von Arbeitslosigkeit, die Probleme von Altersversorgung – all diese Themen sind auf diese Weise Teil des Bildungskanons des heutigen Durchschnittsdeutschen geworden.

Das Gespräch über die Verteilung unserer ökonomischen Ressourcen ist nun zum Familienersatz in der Gesellschaft avanciert. In all diesen Talkshows um Lohnfortzahlung, Rentenloch, Krankenversicherung und Globalisierung geht es stets nur darum, wer gibt, wer nimmt, wer opfert, wer teilt und wer betrügt – es geht um Vorteil und Nachteil. Das alles sind nicht nur ökonomische Kriterien. Es sind *die* Urkriterien der Evolution und der Familie, die Grundfragen des sozialen Austauschs.

Das ist auch der Grund, warum es gelingt, in solchen Sendungen Emotionen zu schüren, wie sie in dieser Heftigkeit nur in Familien aufkommen. Allwöchentlich wird ein sozialer Kontrakt infrage gestellt und neu formuliert. Werden die Regeln noch eingehalten oder schon gebrochen? Ist jemand in der Speisekammer gewesen, der sich unerlaubt an den Vorräten bereichert hat? Das alles ist Familie im Großen. Die Fernsehzuschauer erkennen, wie wichtig es ist, sich nicht ausbeuten zu lassen. Und noch wichtiger: dass man damit rechnen muss, dass jeder es versucht. Ohne das Krisenbewusstsein der Öffentlichkeit wäre ein solcher Diskurs kaum vorstellbar, es gibt ihn jedenfalls in dieser Weise erst seit den neunziger Jahren. Diese Gesprächsrunden – das sind unsere virtuellen Familien.

Familien sind kleine ökonomische Kombinate, wie Gary Becker in seinem *Traktat über die Familie* gezeigt hat. Aber alles, was singulär an ihnen ist, entzieht sich der Ökonomie. Der Austausch von Geld für Leistungen endet, wie der populäre Satz lautet, vor der Haustür; es sei denn, es handelt sich um Taschengeld. Im Innern der Familien kommt es zu einem anderen Austausch: ein Hin und Her der Gefühle, der Konflikte und des selbstlosen Einsatzes. Auch Familien prüfen ständig, ob die sozialen Verträge eingehalten werden, wer wen übers Ohr haut, wer sich drückt und wer ungerecht behandelt wird.

Und immer dann, wenn die Ressourcen schwinden und existenzielle Gerechtigkeit gefragt ist, schlägt die Stunde der Frauen. Die Rolle der Frauen als »Verteiler« von Nahrung, Geld oder Informationen wird immer dann besonders bedeutsam, wenn eine neue Verteilung von Ressourcen bevorsteht. »Die Frau«, so lesen wir in einem zeitgenössischen Bericht über das Krisenjahr 1946, »musste zwischen Ehemann und Kindern vermitteln, bei denen sich infolge des ›ewigen Hungerreizes‹ in verschiedenen Fällen eine Art Zwangsvorstellung entwickelt hatte, durch die sich bald der Vater, bald eines der Kinder benachteiligt und zurückgesetzt fühlte.«[99]

Ökonomie ist unser Familienersatz, und über die Verteilung der Argumente, der Vor- und Nachteile entscheiden heutzutage die Frauen. Es ist sonderbar, dass wir uns daran gewöhnt haben, ohne nach den Motiven dieser Arbeitsumverteilung gefragt zu haben. Vielleicht lässt es sich damit erklären, dass Vertrauen gesucht wird. Offenbar ist das Vertrauen, was Teilen angeht, geschlechtsspezifisch: Robin Dunbar, der als Evolutionspsychologe das Verhältnis zwischen Sprache, Familie und Gemeinschaft wie kein anderer untersucht hat, vermutet, dass Frauen als Schiedsrichter einer Gruppe in dem Augenblick eine Rolle spielen, wenn Netzwerke neu bestimmt werden und eine große Notwendigkeit besteht, dass auch Fremde zu Wahlverwandten werden. Er glaubt sogar, und vieles spricht dafür, dass es zur Sprachentwicklung kam, weil Frauen die Notwendigkeit erkannten, Bündnisse mit nichtverwandten Gruppen zu schließen.[100]

Ist dies alles, da die Familien weniger werden, der Versuch, virtuell in unseren Wohnzimmern die Urfamilie wieder erstehen zu lassen?

Robin Dunbar erwähnt die !Kung, die ein ähnliches Problem – eine ähnliche Talkshow – hatten, allerdings andere Lösungen dafür fanden.[101] Der Stamm aus der Kalahari-Wüste erlebte seine eigene Globalisierung. Im Laufe der Jahre war er von anderen kriegerischen Stämmen immer mehr verdrängt worden. Schließlich erreichten die !Kung Gegenden, die so unwirtlich waren, dass es zwar wenig Fleisch und wenig Wasser, aber auch weniger Feinde gab.

Als Jäger und Sammler repräsentieren die !Kung die Urfamilie, die auch wir einmal waren. Anthropologen haben sich stets gefragt, wieso es gerade ihnen gelungen war, sich immer wieder an die veränderten Bedingungen der Umgebung anzupassen. Ein entscheidender Grund, so stellte sich heraus, war die Fähigkeit der !Kung, die Selbstlosigkeit, die man nur aus Familien kennt, auf die gesamte Gemeinschaft zu übertragen. Teilen ist das eine. Aber entscheidender ist es, zu teilen, auch wenn man vielleicht nie etwas zurückbekommt. Und um diese Form des Teilens publik zu machen und durchzusetzen, reden die !Kung darüber.

»Die !Kung«, so berichtet Lorna Marshall, »sind sich bewusst, welche Bedeutung das Teilen des Fleisches hat, und sie sprechen viel darüber, besonders über die gegenseitigen Verpflichtungen, die das mit sich bringt. Die Idee des Teilens ist tief in ihnen verwurzelt und sehr erfolgreich umgesetzt. Die Vorstellung, alleine zu essen, entsetzt sie. Löwen können das tun, sagen sie, nicht Menschen.«[102]

Man muss sich über diese Strenge nicht wundern: Wir haben zwar kein Essenstabu, wohl aber ein kommunikatives: Niemals würde auch nur einer der Beteiligten einer Talkshow aussprechen, dass das, was er will, ausschließlich ihm und seinen Interessen dient, obwohl dies zweifelsohne sehr oft der Fall ist. Es ist wie in zwei verschiedenen Talkshows. In der einen wird besprochen, was unser eigener Vorteil sein könnte, in der anderen, was für die Allgemeinheit von Vorteil sein könnte. In beiden Fällen entsteht eine Gemeinschaft. In beiden Fällen geht es um das Teilen.

Die moderne Metafamilie der politischen Talkshows *simuliert* einen gleichsam abgeschwächten Altruismus: Keiner will was für sich, jeder will alles für alle – jedes Argument setzt die Miene auf, zum Nutzen der Gemeinschaft zu sein. Der Unterschied liegt am Ende in den Resultaten: Die !Kung teilen Fleisch. Die moderne Gesellschaft teilt nur noch das Gefühl, wie es wäre, etwas zu teilen.

Wer trägt wen?

Die Schultern eines Schulkindes sind nicht breit. Ab einer Körpergröße von 1,35 Meter können Kinder Lasten, wie einen Schulranzen, auf dem Rücken tragen. Das Ranzengewicht darf voll bepackt zehn Prozent des Körpergewichts nicht überschreiten. Lehrer und Eltern sollten darauf achten, dass die Kinder keine überflüssigen Bücher oder andere schwere Dinge einpacken. Bei Kindern befinden sich Knochen und Bindegewebe noch im Wachstum und sind nicht so stabil wie bei Erwachsenen. Tragen Kinder eine zu schwere Last, drohen Bildung eines Rundrückens, Arthrose der kleinen Wirbelgelenke oder Bandscheibenvorfälle.

Wir achten darauf, dass dieses Kind den richtigen Schulranzen bekommt, einen mit weichen Trageriemen, die nicht in die Haut einschneiden. Und dennoch hat das Kind, das nun zehn Jahre alt ist, eine schier untragbare Last auf dem Rücken. Während es noch auf dem Schulweg ist, ist es bereits verschuldet. Ehe es noch gelernt hat, was einen Sozialstaat auszeichnet, ist seine Lebensarbeitszeit verplant für die Unterstützung der Erwachsenen.

Dieses Kind ist nicht nur mit den Schulden und Lasten seiner Vorfahren beladen. Es muss, da immer weniger Kinder geboren werden, jeweils *zwei* Menschen ersetzen. Leben beide Großelternpaare noch, was sehr wahrscheinlich ist, muss es den emotionalen und womöglich auch Teile des finanziellen Haushalts von sechs Menschen aus zwei Generationen tragen. Durch das Hinzukommen von Stiefgroßeltern und Stiefeltern aus früheren Beziehungen wächst das Gewicht noch. Diese Kinder werden, wenn sie groß sind, durch die Vielzahl der »Schulden«, die wir ihnen aufgebürdet haben, in dem Gefühl einer permanenten, gleichsam ererbten Überforderung leben. Sie werden sich moralisch und materiell für ihre Kernfamilien einsetzen und dort sowohl für ihre Eltern wie für ihre Kinder eintreten müssen, wenn nicht sogar für ihre Großeltern. Sie werden auch über Steuern und zusätzliche Belastungen Schulden für Menschen abzahlen müssen, die sie nicht kennen und von denen sie wissen, dass sie vielfach versäumt haben, selbst Vorsorgemaßnahmen zu treffen.

Diese Menschen, die unsere Gesellschaft erhalten müssen, sind alle schon auf der Welt. Sie sind die Jahrgänge zwischen 1990 und 2000, und wir sollten uns genau ansehen, wer sie sind, wie sie groß werden und was sie prägt. Diesen Kindern fehlen Teile zum Ganzen: ein Bruder oder eine Schwester, die ihnen helfen, die Last zu tragen – Geschwister werden in Deutschland seltener. Gleichaltrige Freunde rarer. Und die Sozialkontakte im Alltag weniger. Diese Kinder werden in den entvölkerten ländlichen Regionen kaum noch anderen Kindern begegnen, stattdessen verbringen sie mehr und mehr Zeit mit Erwachsenen, ihren Eltern und Großeltern; in den Großstädten werden sie das soziale Modell Familie viel seltener erleben als frühere Generationen.

Allein die Altersgruppen, die Familien bilden *könnten* (wobei ungewiss ist, in welchem Umfang dies geschieht), reduzieren sich in den nächsten zwei Jahrzehnten flächendeckend. Die Dreißig- bis etwa Fünfundvierzigjährigen werden in Bayern auf etwa achtzig bis fünfundachtzig Prozent des heutigen Werts zurückgehen, in Sachsen-Anhalt und Brandenburg auf fast fünfzig Prozent.

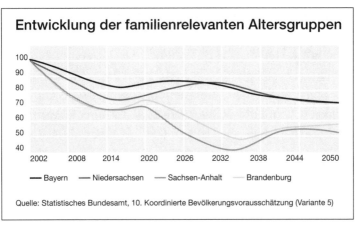

Die Menschen, die Familien bilden, sind in der Regel zwischen dreißig und fünfundvierzig Jahre alt. Ihr Anteil an der Gesamtbevölkerung sinkt in ganz Deutschland, in einigen Bundesländern sinkt er dramatisch.[103]

In den Großstädten werden überwiegend Menschen mit nichtdeutschem Hintergrund die klassischen Familien bilden.[104] Ein Kind, das mit seinen Eltern in einer Metropole lebt, wird außerhalb der eigenen vier Wände Familie vor allem in muslimischer Prägung kennen lernen. Bewohner mit deutschem Hintergrund werden in den Städten vorwiegend mit neuen Lebensformen experimentieren, während die klassischen Familien ins Umland abwandern.[105] Nimmt man diese Prognose ernst, dann wird ein in der Großstadt aufwachsendes Kind weder durch Geschwister und gleichaltrige Spielkameraden noch durch die dazugehörigen Familien geprägt. Das ist eine beunruhigende Aussicht auch für diejenigen, die sich von diesen Kindern nur den altruistischen Beitrag einer Sicherung der Rente erwarten.

Der Zufluchtspunkt der nicht integrierten jungen Erwachsenen mit Migrantenhintergrund wird in noch viel stärkerem Maße die Herkunftsfamilie sein. Es ist kein Zufall, dass der »Zusammenprall der Kulturen« in Deutschland vor allem als Zusammenprall von Vorstellungen über die Familie erlebt wird. Die archaische Benachteiligung von Töchtern und Frauen und eine patriarchalische Familienstruktur werden von vielen als Bedrohung empfunden. Menschen haben ein starkes Gefühl dafür, dass die Gemeinschaft im Kern von den Werten geprägt oder bedroht wird, die in Familien produziert und weitergegeben werden. Umso beunruhigender ist es, dass bei vielen jungen Zuwanderinnen eine oft unfreiwillige Rückkehr in die archaisch-muslimische Familie erlebt und erzwungen wird, während auf der anderen Seite, vor allem in den Großstädten, eine Desintegration der klassischen westlichen Familienverbände und ihrer Kinder stattfindet. Die Auswirkungen dieses Vorgangs ergreifen nicht diejenigen, die noch in den sechziger bis achtziger Jahren sozialisiert wurden, sondern die Kinder, die jetzt durch Erleben, Anschauung und Erfahrung sozialisiert werden.

Die Mehrheiten in den Städten werden Zugewanderte und deren Nachkommen sein, zu einem hohen Prozentsatz besitzen sie einen deutschen Pass; aber vierzig Prozent von ihnen werden, nach gegenwärtigem Stand der Dinge, die Schule ohne Abschluss oder höchstens mit Hauptschulabschluss verlassen. »Das ist«, so der Bevölkerungsforscher Herwig Birg, »eine so alarmierende Zahl, dass man sich wundert, warum die Wirtschaft dies nicht schon längst thematisiert hat und für eine Bildungsoffensive plädiert, wie wir sie in den sechziger Jahren hatten.«[106]

Tatsächlich begeht die Gesellschaft bereits ihre dritte Todsünde, nachdem sie durch die immer weiter steigende

Verschuldung und die Verschwendung des durch den Geburtenrückgang eingesparten Kapitals schon zwei große Sünden auf sich geladen hat. Jetzt geht alles darum, die im Augenblick in den Schulen lernenden Kinder mit ausländischem und Einwandererhintergrund zu integrieren, ehe die, die wir so benötigen, sich aus der Gesellschaft verabschieden.

Die stärkste Sozialisationsmaschinerie ist die Familie. Doch allein die Tatsache, dass Kinder mit Migrantenhintergrund gar nicht die Chance haben werden, Familien mit deutschem Hintergrund zu begegnen, belegt, wie mühsam der viel zu spät begonnene Prozess einer Integration in die deutsche Kultur sein wird.

Die irritierende Trägheit, mit der die Gesellschaft auf diese Veränderungen reagiert, hat einen Grund: Die Effekte, die die demographische Zeitenwende auslösen wird, deuten wir so, wie wir steigende oder fallende Kriminalitätsraten deuten, Veränderungen im Außenhandel oder einen Absatzeinbruch bei der Neuzulassung von Autos – also ökonomisch, gesellschaftlich, politisch. Es handelt sich aber auch um fundamentale biologische Prozesse – das Fortpflanzungsverhalten steuert nicht nur die Urinstinkte aller Lebewesen, sondern auch die Evolution von Gemeinschaft, Gesellschaft und Kultur. Deren Effekte sind derart grundsätzlich, dass sie sich in Statistiken oder üblichen Prognosen überhaupt nicht mehr abbilden lassen.

Vielleicht werden deshalb die Veränderungswirkungen so sehr unterschätzt, vielleicht liegt es auch daran, dass eine der vitalsten und lebendigsten Fragen unseres Zusammenlebens mit einer der trockensten Wissenschaften, der Bevölkerungsstatistik, verbunden ist.

Um das Beispiel weiterzuführen: Es gibt nicht nur keine Bildungsoffensive, die sinkenden Kinderzahlen werden sogar zum Sparen herangezogen – durch Schulschließungen und Verringerung von Bildungsangeboten. In Wahrheit müssen wir unsere gesellschaftlichen Bildungsanstrengungen verdoppeln oder verdreifachen: Kinder lernen durch Gleichaltrige und durch Familien. Deren Wirkung auf das Kind ist stärker als die Ausstattung von Schulen, die Bezahlung von Lehrern und die Größe von Klassenzimmern, wie wir seit dem amerikanischen Coleman-Report von 1966 wissen. Wenn Kinder schwinden und Gleichaltrige schwinden und Familien schwinden, dann allerdings muss das einzelne Kind für eine halbe ausgefallene Generation mitlernen und mitdenken.

Diese drohende Bevölkerungsentwicklung verändert nicht nur das generationelle Zusammenleben der Familien. Sie konfrontiert eine Generation mit der Kündigung einer Abmachung, die besagte, dass der Staat nicht nur die Aufgaben, sondern auch die Verhaltensformen der Familie bis hin zur uneigennützigen Aufopferung übernehmen würde. Unvermittelt wächst das Gefühl des Zuspät für die heute Vierzig- bis Sechzigjährigen, die es versäumt haben, materielle und familiäre Vorsorge zu treffen. Und es erwacht die Ahnung des Zuviel bei den Generationen, denen der Staat nun gleichsam über Nacht die verpflichtenden Aufgaben als Familienwesen zurücküberträgt.

Diese Kinder werden nicht einfach mehr nur sozial sein können, wie wir es in Zeiten waren, als uns das nichts gekostet hat. Sie werden es unter diesem enormen Druck womöglich sehr schwer haben, für ihre Mitmenschen Verantwortung zu übernehmen, und sie werden soziales Gewissen, Hilfsbereitschaft und sogar Liebe als kostbare und knappe Ressourcen empfinden, die man nicht mehr im Überfluss bereithalten kann – nicht für die Welt, nicht einmal für die eigene Gesellschaft, sondern allenfalls für diejenigen, die unmittelbar als Verwandte oder engste Freunde zu ihnen gehören.

Für die familienlosen Einzelnen aber könnten die Familien zu abweisenden Wagenburgen werden; sie könnten sich als Schwarzfahrer stigmatisiert sehen, die man vom Wagen stößt. Wie kooperieren sie, wenn der Sozialstaat nicht einspringt? Und wie selbstverständlich ist es dann noch, dass der Mensch sich für das Drama der anderen, der Nichtverwandten, interessiert – wenn alle das gleiche Schicksal teilen?

Mit den Familien schwindet der Altruismus, die »moralische Ökonomie«, von der Franz-Xaver Kaufmann spricht: eine Ökonomie, die Dinge tut, für die man nicht bezahlt wird. Die Kommunitaristen haben darüber nachgedacht, wie Gemeinschaften sich selber helfen können. Doch viele aktuelle Ideen zum Umbau einer schrumpfenden und alternden Gesellschaft scheinen nicht realistischer als Soap-Operas. Sozialromantische Hoffnungen auf informelle Netzwerke, in denen kinderlose Ehepaare Familien in einer Art übergeordneter Kita unterstützen, spuken seit Jahren durch die Köpfe von Gesellschaftstherapeuten, sind aber deswegen trotzdem noch nicht wirklichkeitsnäher geworden.

Bislang wurden die positiven Effekte der Familie auf die Gesundheit des Einzelnen vom Staat ganz selbstverständlich eingerechnet in unser öffentliches Gesundheitswesen, in die Kindergärten, die Schulen, den Arbeitsmarkt, die Pflegeaufwendungen für die Älteren. Menschen helfen sich in extremen Notfällen; je enger sie miteinander verwandt sind, desto häufiger und desto mehr. Die Mehrheit der heute Zwanzig- bis Sechzigjährigen ist in dieser Vorstellungswelt groß geworden. Und die Experten beruhigen: Immer wieder verweisen sie auf die hohe Zustimmung, die Werte wie Familie, Solidarität und Vertrauen in Umfragen erhalten.

Und doch: All diese Umfragen sind unter den Lebens- und Umweltperspektiven des Jahres 2005 formuliert worden. Die Ergebnisse werden ganz anders ausfallen, wenn sich die Zusammensetzung der Gesellschaft erst einmal so weit geändert haben wird, dass die Befragten entweder in entvölkerten und unterversorgten ländlichen Räumen oder ohne verwandtschaftliche Bindung in Großstädten leben werden – und sie ihre sozialen Zuwendungen rationieren müssen. Bisher wissen viele, die von der freigebigen sommerlichen Blütezeit der vergangenen Jahrzehnte geprägt wurden, gar nicht, wie groß der Anteil der »Schattenwirtschaft« der Familien an der Stabilität unseres Systems gewesen ist.

Unser Sozialstaat kann die Veränderungen der Familienstrukturen gar nicht verkraften. Und plötzlich wird deutlich, dass Familien nicht nur, wie im zwanzigsten Jahrhundert von der Psychoanalyse erkannt, pathologische Gebilde sind, die Menschen seelisch deformieren und unglücklich machen können. Sie treten nun wieder als Lebensretter, in ihrer Funktion und Notwendigkeit als Produzenten von Gegenseitigkeit und Hilfe in Erscheinung.

Und so kommen wir zum Kern des Problems: Die Verwandtschaften schrumpfen – und damit auch die Netzwerke. Immer seltener empfängt der Einzelne Hilfe, immer öfter muss er selber Hilfe leisten. Der Mensch aber braucht seine Netzwerke, um zu überleben, heute wie vor hundertsechzig Jahren am Donner-Pass. Je ausgeprägter die Netzwerke, desto länger bleibt er am Leben. Und dies gilt auch in der modernen Zivilisation in einem Ausmaß und mit einer Effizienz, die, wären sie pharmakologisch messbar, Familien und enge Freundschaften zu Wundermitteln machen würden: Große Familienverbände reduzieren die Gefahr von Herzkrankheiten, Menschen, deren soziales Netzwerk lebendig und ausgedehnt ist, haben einen niedrigeren Ruhepuls, die Heilungschancen bei Krebs steigen, ursächlich hängen sie von der familiären Liebe und Zuwendung ab. Die mathematisch nicht quantifizierbare Liebe der Ehefrau und der Angehörigen hat in einer ausgedehnten israelischen Herzstudie an zehntausend städtischen Beamten gezeigt, dass dieses Gefühl bei Herzinfarkten zu schnellerer Heilung führt, während im umgekehrten Fall das Risiko der Wiedererkrankung drastisch steigt.[107]

Das sind lebensfreundliche Beispiele, aber sie zeigen uns weniger etwas, worauf sich die Gemeinschaft wie seit eh und je blind verlassen kann, als etwas, das uns fehlt. Der »Verteilungsschlüssel« von menschlicher Zuwendung ändert sich, weil sich die Verteilung von Kindern, Eltern und Einzelnen so drastisch verschoben hat.

Man darf sich nichts vormachen: Kinder zu bekommen wird in Deutschland unweigerlich zu einem Akt von Spezialisierung in der Gesellschaft. »Um die Produktion von Kindern sicherzustellen«, so Franz-Xaver Kaufmann, »muss ein schrumpfender Anteil Frauen immer mehr und mehr Geburten bewerkstelligen.«[108] Diese Perspektive mag für manchen Heutigen übertrieben wirken; angesichts der Tatsache, dass es in jeder neuen Generation immer weniger

Mädchen und von denen immer weniger Mütter gibt, kann man damit rechnen, dass schon die Mädchen des Geburtsjahrgangs 2000 die Triftigkeit dieser These erleben werden.

Die immer weniger werdenden Kinder müssen nicht nur die Renten der Vorgängergeneration erwirtschaften; in ihnen lebt der uralte Trieb, die Netzwerke aufrechtzuerhalten, auch die seelische, geistige und körperliche Gesundheit ihres Familienverbands. Das ist – nach aller menschlichen Erfahrung – für diese Kinderschultern zu viel. Sie werden sich, wenn sie keine Entlastung spüren, zumindest für die Übergangszeit einer Generation nicht nur der Herkunftsfamilie zuwenden, sondern von der Gesellschaft abwenden.

Was geschieht, wenn sich dieser Wechsel zur Familie rein defensiv mit Gefühlen der Frustration, Angst, des Ausgepowertseins, der Erschöpfung, des Ausgebeutetseins verbindet, hat vor vielen Jahren der amerikanische Soziologe Edward Banfield beschrieben.[109] Er besuchte Ende der fünfziger Jahre ein verträumtes süditalienisches Bergdorf. Was von ferne pittoresk und bei erster Annäherung in seinen gemeinschaftlichen Strukturen fast typisch italienisch auf Touristen gewirkt haben mochte, entpuppte sich als ein sozialer Abgrund.

Die Dorfbewohner lebten in großer Armut und noch größerer Hoffnungslosigkeit. Aber ihr gemeinsames Schicksal machte sie nicht etwa zur Gemeinschaft. Die Familien misstrauten den anderen, jeder unterstellte dem anderen, er wolle auf seine Kosten leben, viele suchten ihren Vorteil, auch wenn sie damit ihren Nachbarn, Bekannten oder Freunden offen schadeten, und legten ein in höchstem

Grade unsoziales Verhalten an den Tag – obgleich ihr Familiensinn sie doch den Wert von Kooperationen hätte erkennen lassen müssen.

Neun Monate lang befragte Banfield die Dorfbewohner und stieß bei der Suche nach den materiellen Gründen der Armut auf deren psychologische Ursachen. Zwar wiesen alle Bewohner den Traditionen und der Familie einen gesellschaftlichen Wert zu. Doch der ökonomische Druck, unter dem sie lebten, hatte aus den kleinen Familien monströse Festungen gemacht. Nur das galt als moralisch und gut, erkannte Banfield, was den Kernfamilien nutzte. Da jede Familie so dachte, griff jener von Banfield so getaufte »familiale Amoralismus« um sich, der jede Form von Kooperation vereitelt, ja, das Gefühl erstickt, für ein gemeinsames Gut einzustehen. Der Forscher fand eine fatalistische, misstrauische Welt von Kleinfamilien vor.

Da keine Wirtschaft ohne Vertrauen funktioniert, war das Urteil über die ökonomische Zukunft des Dorfes gesprochen: Familienunternehmen gab es kaum mehr, und Fabriken wurden nicht gebaut, weil die Unternehmer der Meinung waren, es sei Aufgabe des Staates, Arbeitsplätze zu schaffen.

Natürlich werden in den demographisch schwankenden europäischen Zivilisationen nicht über Nacht süditalienische Verhältnisse einkehren. Aber man muss Banfields Beschreibung als Beschreibung einer Seelen- und Gemütslage lesen, die entsteht, wenn »sich der verfassungsrechtliche Gedanke der familiären Unterhaltsgemeinschaft in sein Gegenteil« verkehrt[110], immer weniger Kinder die Last einer Gesellschaft tragen können und die Gesundheit ihrer Familien erhalten müssen.

Wer vernetzt wen?

»Wer sind Sie? Antworten Sie schnell!«

Dreitausend Jahre schon schlagen sich die Philosophen mit der Beantwortung herum, und ein paar hundert Generationen von Jugendlichen haben zwischen Pubertät und Erwachsensein auf die Frage eine Antwort gesucht (und keine gefunden): Wer bin ich?

Genau diese Frage war es, die vor einem Jahrzehnt amerikanische Forscher dreihundert Studenten stellten.[111] Zuerst sollten die jungen Leute der kanadischen McMaster-Universität, die Hälfte Frauen, die Hälfte Männer, eine Reihe von mehr oder minder harmlosen Fragen beantworten – zum Beispiel, welcher Person sie sich im Leben am nächsten fühlten und wie oft sie diese Person sahen oder sprachen. Erst dann kamen die Forscher zur entscheidenden Frage: »Wer sind Sie? Geben Sie zehn verschiedene Antworten. Schreiben Sie die Antworten in der Reihenfolge auf, in der sie Ihnen in den Kopf kommen. Beantworten Sie die Frage so schnell wie möglich.«

Mehr als die Hälfte der Frauen gab als Erstes an: »Ich bin eine Tochter« oder »Ich bin eine Schwester«. Auch die Männer erwähnten Familienrollen, bevorzugten allerdings den Verweis auf den Familiennamen, und zwar im Sinne eines Clannamens: »Ich bin ein Smith.« Keine einzige der befragten Frauen hat das getan.

Verwandtschaft, so zeigte sich, fällt Menschen sofort ein, wenn sie definieren sollen, wer sie sind. Aber es sind vor allem die Frauen, die sich so definieren.

Sie identifizieren sich aber nicht nur mit ihrer Verwandtschaft, sie haben auch die soziale Kompetenz, das soziale

Wissen, das Interesse und die Fähigkeit, die eigene Verwandtschaft bis ins letzte Glied benennen zu können und der nächsten Generation das Wissen über die eigene Herkunft weiterzugeben.

Das zeigte sich, als man vierundzwanzig Geschwisterpaare, immer Bruder und Schwester, beauftragte, ihren Familienstammbaum am Computer ohne irgendwelche Hilfe zu rekonstruieren, auch ohne sich bei der gleichzeitig interviewten Schwester beziehungsweise dem Bruder zu erkundigen. Die Befragten sollten zunächst ihre Eltern und deren Geschwister, ihre Cousins und Cousinen, dann die Großeltern und deren Geschwister und so weiter angeben. Wie genau wussten sie, woher sie kamen, und welche Rolle spielte es für sie?

Obwohl Geschwister dieselben Verwandten haben, fielen den Schwestern deutlich mehr Angehörige ein als den Brüdern, aber auf die Frage, welcher Verwandte ihnen am nächsten stehe, nannten beide Geschlechter übereinstimmend die Mutter. »Zusammengefasst«, so schreiben die Autoren der Studie, Catherine Salmon und Martin Daly, »fielen Schwestern mehr Verwandte ein als den Brüdern; Männer betonten sehr viel stärker väterliche Nachnamen als Identitätsmerkmal; Frauen betonten ihre besondere verwandtschaftliche Rolle stärker als Männer; und obwohl beide Geschlechter übereinstimmend ihre Mutter als die ihnen am nächsten stehende Person bezeichneten, erklärten weitaus mehr Männer als Frauen, dass ihre Geschwister die ihnen am nächsten stehenden Menschen seien. Diese Resultate zeigen, dass Frauen psychologisch mehr auf Allianzen in den Generationen und Männer psychologisch mehr auf Allianzen in derselben Generation setzen.«[112]

Frauen definieren sich also häufiger als Verwandte (oder in Relation ihres Verwandtschaftsgrades), Männer als Mitglied eines Clans. Eine Frau sieht sich als Teil früherer und nachfolgender Generationen, während ein Mann in gleichaltrigen, horizontalen Strukturen denkt. Frauen halten verwandtschaftliche Netzwerke unter Strom, und sie sind auch in der Lage, stillgelegte Verbindungen zu entferntesten Verwandten noch nach Jahren wieder anzuschalten.

Diese Gabe, für viele völlig unbrauchbar in den überschaubaren achtziger und neunziger Jahren, wird sich schon bald, allein mit Blick auf die Mehrgenerationenfamilien der Zukunft, einer großen Nachfrage erfreuen. Aber nicht nur die Vernetzung innerhalb der Familienverbände ist von Bedeutung.

Menschen, das haben wir am Donner-Pass und in Summerland gesehen, helfen ihren Verwandten, genauer gesagt: ihren direkten Verwandten, und gehen zuweilen für diese Hilfe enorme Risiken ein. Unsere Aufgabe besteht nun darin, diesen Altruismus in schwindenden Familienverbänden nicht durch Überforderung zu zerstören; und wir müssen realisieren, dass die Familien der unmittelbaren Zukunft an direkten Verwandten verlieren, an Halb- oder Wahlverwandten aber hinzugewinnen – ohne dass irgendjemandem klar wäre, wie beispielsweise Kinder aus erster Ehe auf die etwa im Alter entstandene Krisensituation der väterlichen Ehefrau aus zweiter Ehe reagieren. Hier gelten ganz andere evolutionsgeschichtliche Gesetze.

Wie wenig Erziehung und kulturelle Prägung gegen diese auszurichten vermögen, belegten William Jankowiak und Monique Diderich in ihren Forschungen. Sie untersuchten geschwisterliche Solidarität zwischen Voll- und Halbgeschwistern bei den amerikanischen Mormonen. Hierbei handelt es sich um eine religiöse Gemeinschaft, deren Mitglieder seit Generationen in völlig komplexen Verwandtschaftsbeziehungen leben. Die Mormonen führen polygame Beziehungen, und diese praktizierte Polygamie macht keinen Unterschied zwischen Geschwistern, ganz gleich, ob sie von derselben oder von verschiedenen Müttern stammen. Wenn irgendwo, so die Überlegung der Forscher, dann müsste hier eine Kultur stark genug gewesen sein, verwandtschaftliche Solidarität gleichermaßen entstehen zu lassen, ohne zwischen Halb- und Vollgeschwistern zu unterscheiden.

Das Ergebnis freilich hätte klarer nicht sein können: Selbst hier, in diesem religiös definierten System und trotz langjähriger Indoktrination der Kinder, fühlten die Vollgeschwister eine größere Solidarität untereinander und eine stärkere Nähe als zu ihren Halbgeschwistern.[113]

Die Aufgabe der Zukunft wird in vielen Familien – und bald auch in der Gesellschaft selbst – darin bestehen, die Grenzen von Verwandtschaft, Stiefverwandtschaft und Freundeskreis neu zu definieren. Heirat, Scheidung, Zusammenleben, Wiederverheiratung, Kinder aus erster, zweiter und dritter Beziehung, mit zum Teil unterschiedlichem rechtlichem Status – das schafft enorm vielfältige, unüberschaubare und diffuse Stief- und Halbverwandtschaften, angefangen von den Halbgeschwistern bis hin zu den Stiefgroßeltern.

»Die Konsequenzen für das menschliche Verhalten, die diese neuen Verwandtschaftsstrukturen haben werden, sind größtenteils unerforscht«, heißt es in einer offiziellen Veröffentlichung des National Research Council der Vereinigten Staaten, »weder wissen wir, was es für das Zusammenleben bedeutet, für die Verteilung von Ressourcen und alle anderen Arten des Zusammenlebens. Wir müssen dringend neue Instrumentarien entwickeln, die diese neuen Verwandtschaftsverhältnisse erfassen, und die Folgen für das menschliche Verhalten abschätzen.«[114]

Tatsächlich kennen wir bereits einen entscheidenden Unterschied zwischen verwandtschaftlichen Beziehungen einerseits und Freundschaften und Halbverwandtschaft andererseits. Freundschaften müssen am Ende stets eine ausgewogene Bilanz von Geben und Nehmen vorweisen, das, was die Evolutionspsychologie »reziproke Kooperation« nennt. Bei Verwandten hingegen darf es zu einem Ungleichgewicht im Geben und Nehmen kommen, und obgleich es auch unter Verwandten schwer wiegende Kämpfe wegen einseitiger Altruismusbilanzen geben kann, so haben Untersuchungen doch gezeigt, dass ein Ungleichgewicht im gegenseitigen Austausch für die Dauer eines ganzen Lebens nur unter Verwandten toleriert wird.[115]

Beunruhigt von der Aussicht auf sich immer weiter atomisierende Verwandtschaften, hat der in Berkeley lehrende Demograph Kenneth Wachter mit einer Computersimulation die Folgen für die USA berechnet. Er sagt voraus, dass im Jahre 2030 für die dann ältere Generation, insbesondere für Männer, eine Verknappung an verwandtschaftlichen Netzwerken eintreten wird, während gleichzeitig die Auswahl an möglichen Halbverwandten drastisch steigt, die den Menschen ebenso »reiche wie problematische« Verwandtschaftsnetzwerke beschert.[116]

Wer bin ich? Das ist die Frage, die im Ernstfall bereits

beantwortet ist und auf die die Menschen zurückgezwungen werden, wenn kein anderer da ist, der ihnen hilft. Wenn in den kommenden Jahrzehnten die gleichaltrigen Allianzen in derselben Generation aus Mangel an Auswahl begrenzt sein werden, wenn gleichzeitig eine Ausdehnung von Verwandtschaft und Familie über die bisherigen Grenzen hinaus erfolgen wird, wenn sogar Freunde zu Familienmitgliedern werden müssen, ist klar, auf wen sich künftig die Hoffnungen richten. Die zwei deutschen Wissenschaftler Franz Neyer und Frieder Lang nennen sie in einer breit, über alle Lebensphasen angelegten Untersuchung die »Kinkeeper«, die Verwandtschaftsbewahrer.[117] In der Phase, in die unsere Gemeinschaften jetzt eintreten, werden sie die Bündnisse organisieren und über ihre Einhaltung wachen. Vielleicht werden sie es sein, die das Feuer anzünden, um Hardkoop den Weg nach Hause zu weisen.

Die Frauen

Und damit sind wir noch einmal am Donner-Pass. Die Tagebücher, Briefe und Erinnerungen geben uns ein ziemlich klares Bild der Lage. Es waren die Frauen, die es schafften, zwischen den Familien und den Einzelpersonen zu vermitteln. Und sie waren es auch, die in einigen Fällen, dort, wo Familiennetzwerke fehlten, diese ersetzten, indem sie sich zu Fremden verhielten, als gehörten sie zur Familie.

Die jungen Männer, die vermeintlich Starken, starben, wie Donald Grayson es formuliert, »wie die Fliegen, oder genauer: wie die Hausfliegen, eine der vielen Spezies, in denen Frauen die Männer überleben«.[118] Zwei Drittel der Männer kamen um, zwei Drittel der Frauen überlebten. Männer starben nicht nur schneller und häufiger als die Frauen – sie starben, um ganz präzise zu sein, in der doppelten Geschwindigkeit. Die Frauen waren die Überlebensmaschinen: Hunger und Mühsal konnten sie besser ertragen, ihr Bedarf an Nahrung war geringer, und da Frauen in der Kälte eine geringere Körpertemperatur aufrechterhalten müssen, setzten ihnen auch die Schneestürme und Tornados weniger zu. Doch damit nicht genug: Tamsen Donner, die sich für ihren Mann aufopferte, zeigte ein soziales Verhalten, das die meisten weiblichen Mitglieder des Trecks in weniger extremer Form ebenso an den Tag legten.

Familien waren die Garanten des Überlebens. Im Zentrum der Familien am Donner-Pass standen die Frauen und, wie die Tagebücher der Virginia Reed offenbaren, sogar die Töchter. In den persönlichen Aufzeichnungen und später verfassten Berichten sind es meistens die Frauen, die über die Ereignisse glaubwürdiger berichten, sie sind auch diejenigen, die, allen verfügbaren Quellen zufolge, in dieser auf ein Minimum reduzierten Gemeinschaft denen halfen, die allein waren. Trotz der Trostlosigkeit und Bedürftigkeit vermochten die Frauen es, nicht nur Vorräte, sondern auch soziales Kapital zu verteilen. Sie schlichteten Streite, schafften es immer wieder, die Männer sogar von Mord und Totschlag abzuhalten, sie verteilten die Nahrung gerecht, selbst als einige bereits verhungerten, erzählten Geschichten und bemutterten sogar Fremde. Kurzum: Auch dort, wo keine familiären Verpflichtungen bestanden, setzten Frauen alles daran, Bündnisse des Vertrauens und der Freundschaft zu bilden.

Wie gelang ihnen das?

Hirnforscher glauben, dass das Talent von Frauen, selbst Fremde zu Familienmitgliedern zu machen, mit der sozialen Mobilität von Frauen zusammenhängt, der sie sich seit hunderten von Jahren unterwerfen müssen. In fast allen Kulturen wechseln die Töchter in die Gemeinschaft ihres künftigen Ehemanns oder Partners, während die Söhne häufiger ein Leben lang von leiblichen Verwandten umgeben sind. »Männer«, schreibt Simon Baron-Cohen, Professor für Psychologie und Psychiatrie am Trinity College der Universität von Cambridge, »waren vielleicht nicht im selben Maße wie die Frauen gezwungen, ihre empathischen Fähigkeiten zu trainieren, weil sie weit weniger Anstrengungen in Aufbau und Pflege von Beziehungen investieren mussten. Eine gute Beziehung zu Menschen, mit denen man nicht verwandt ist, erfordert viel mehr Sensibilität für Gegenseitigkeit und Gerechtigkeit, weil diese Beziehungen nicht selbstverständlich sind.«[119]

Frauen organisieren Netzwerke und akkumulieren soziales Kapital dort, wo es verschwendet oder zerstört wurde. Sie sind, wie die Wer-bin-ich-Tests gezeigt haben, »weibliche Verbündete« ihrer Verwandten und in der Lage, Vertrauen und Schutz auch auf Fremde zu übertragen.

Den Frauen der Donner-Gruppe half ihre soziale Intelligenz dabei, die schwindende Gemeinschaft zu stabilisieren. Als zum Beispiel der junge Charles Stanton in der Einsamkeit der Berge Gold fand, das zu nichts nütze war, gelang es Mrs. Reed, aus der Nutzlosigkeit des Fundes soziales Kapital zu schaffen – vor ihrem Kind sagte sie, sie wünschte, es sei Brot und sie könnten es teilen. Den Hunger ihrer Nächsten vermochte sie nicht zu stillen; doch indem sie dem Kind deutlich machte, dass ihr das Wohl aller am Herzen liegt, weckte sie Vertrauen.

Soziale Intelligenz, das zeigten die Forschungen des Neurophysiologen Eric Keverne, wird im Tierreich von den Müttern an die Töchter vererbt.[120] »Zusätzlich zu solchem Erbe«, schreibt Sarah Hrdy in ihrem wegweisenden evolutionsbiologischen Buch *Mutter Natur*, »geben Mütter aber auch ein soziales Erbe weiter. Mehr als jedes andere Individuum bestimmen sie darüber, mit welchen anderen Tieren (etwa Geschwistern oder matrilinearen Verwandten) ihre Jungen zusammenkommen. Es ist die Mutter, die durch ihr Verhalten darüber entscheidet, welche anderen Individuen ihre heranwachsenden Jungen als ›vertraute Artgenossen‹ und folglich als ›Verwandte‹ erkennen und behandeln.«[121] Die Mutter bestimmt so, wer zur Familie gehört und wer nicht. Sie steht im Zentrum und fühlt sich gerade in Zeiten existenzieller Krisen bis zuletzt für den Fortbestand verantwortlich.

Männer wiederum funktionieren als Kopf der Familie vor allem in Zeiten von expandierenden Gesellschaften; in Gesellschaften also, wie wir sie bisher und seit Menschengedenken erlebt haben. Männer gehen, vor allem, wenn sie alleine sind, größere Risiken ein, erforschen unbekannte Wege, entwickeln starke Konkurrenz, soziale Dominanz, denken systematisch – um so zusätzliche Fortpflanzungserfolge zu erlangen. Doch alles, was einer schrumpfenden Gesellschaft fehlen wird – soziale Kompetenz, Einfühlung, Altruismus, Kooperation –, vereinen Frauen auf sich; da sind sich Evolutionspsychologie, Hirnforschung, Anthropologie und Psychologie einig.

Mittlerweile findet die These, Männer und Frauen seien im Prinzip gleich und nur die sie umgebende Kultur mache sie zu verschiedenen Wesen, kaum noch Anhänger. Tatsächlich hat sie uns lange in die Irre geführt. Festzustellen, dass Frauen eine starke emotionale Kompetenz haben und vermutlich sogar die Begründer unserer Gemeinschaft sind, heißt weder, dass das für alle weiblichen Individuen ausnahmslos gilt, noch, dass damit Frauen die Mutterrolle aufgedrängt werden soll, wie dies von vielen Feministinnen befürchtet wird. Es dient eher dazu, künftige Ressourcenverteilungen vorauszusagen und auf sie vorzubereiten.

Wir können die Uhr nicht zurückdrehen. Es wird bis Mitte des einundzwanzigsten Jahrhunderts nach menschlichem Ermessen immer weniger Kinder und eine immer einseitigere Verteilung von klassischen Familien und modernen Nichtfamilien geben. Schon jetzt hat Deutschland unter allen Staaten Europas die höchste Geburtenkonzentration: Sechsundzwanzig Prozent der 1960 geborenen Frauen brachten die Hälfte aller von Frauen desselben Jahrgangs geborenen Kinder zur Welt.[122]

Vielleicht sind wir, wie manche Forscher meinen, wirklich im Begriff, in einen neuen evolutionären Zustand unserer Gesellschaft einzutreten, in dem die Karten neu gemischt werden. Wenn eine Gesellschaft von außen bedroht wird, ist es wichtig, die zu kennen, die stark sind und die Verteidigung aufnehmen können. Doch wenn eine Gesellschaft sich inwendig verwandelt, keine Kinder mehr zur Welt bringt, massiv altert, soziales Kapital entwertet und die verwandtschaftlichen Bindungskräfte schwächt, ist es wichtig, diejenigen zu kennen und sich mit ihnen gut zu stellen, die im Stande sind, Familien oder familienähnliche Netzwerke zu bilden.

Untersuchungen der vergangenen fünfzig Jahre belegen, dass Frauen die Schlüsselrolle zufällt für den Erhalt von Familien sowie den Aufbau und die Stabilisierung von Freundschaftsnetzwerken, die in Zukunft verstärkt an die Stelle von traditionellen Familien treten werden.

Simon Baron-Cohen hat in Cambridge Experimente durchgeführt, die zeigen, dass es sich dabei primär nicht um sozial erlerntes Verhalten handelt. Einen Tag alten Neugeborenen wurde im Rosie Maternity Hospital in einer Versuchsanordnung das lächelnde Gesicht einer Frau und im Gegenversuch ein abstraktes Mobile vorgelegt. Es stellte sich heraus, dass schon bei den Babys die Differenz deutlich ist: Jungen schauten länger auf das Mobile, Mädchen auf das menschliche Gesicht.[123]

Soziales Bewusstsein bleibt lebenslang ungleich verteilt: In einer Langzeitanalyse über die Fürsorgemotivation, die

Söhne und Töchter dazu bringt, ihren Eltern zu helfen, konnten Wissenschaftler eindeutige Unterschiede ausmachen. Söhne erklärten, sie handelten aus Pflichtgefühl, weil sie auf das Erbe spekulierten und auch weil sie mit ihren Eltern häufig in Kontakt stünden. Für Töchter dagegen gab es nur einen einzigen Grund: Liebe zu den Eltern. Söhne, so die Forscher, halfen ihren Eltern vorwiegend aus Selbstinteresse, während die Töchter von Altruismus geleitet waren.[124] Alice und Peter Rossi haben in ihrem Standardwerk *On human bonding* Beweise dafür erbracht, dass der zwischenmenschliche und finanzielle Austausch zwischen Müttern und ihren Kindern bis ins hohe Alter den Umgang mit den Vätern in allen beobachteten Fällen weit übersteigt.[125]

Es wird, um diesem Einwand gleich zu begegnen, damit natürlich nicht gesagt, dass Söhne sich nicht um ihre alten Eltern kümmern. Es hat zu jeder Zeit selbstlose Männer gegeben und sehr egoistische Frauen; ein Blick in die Familiengerichte genügt, um sich davon zu überzeugen. Das ändert freilich nichts daran, dass der emotionale Rohstoff, um den es hier geht, statistisch nachweislich verschieden auf die Geschlechter verteilt ist.

Am überzeugendsten hat die Hirnforschung die Differenzen zwischen männlichem und weiblichem Gehirn nachgewiesen. In den Worten Baron-Cohens: »Das weibliche Gehirn ist so ›verdrahtet‹, dass es überwiegend auf Empathie ausgerichtet ist. Das männliche Gehirn ist so ›verdrahtet‹, dass es überwiegend auf das Begreifen und den Aufbau von Systemen ausgerichtet ist.«[126] Diese Empathie, eine Form des gesteigerten Einfühlungsvermögens, bedient sich intensiv der Sprache und benutzt sie meisterhaft, um soziale Beziehungen herzustellen und aufrechtzuerhalten.

Auch hier hat die Forschung in den vergangenen Jahren eine Fülle von Material bereitgestellt: So wurde untersucht, wie oft Frauen »wir« sagen und Kooperationen betonen, wie sie auf »ich«-starke Umgebungen reagieren und wie sie es schaffen, gesellschaftliche Außenseiter oder Familienlose zu integrieren.

Durch Sprachkompetenz organisieren Frauen Nähe, und zwar verwandtschaftliche *und* freundschaftliche Nähe – Nähe auch zu »fiktiver Verwandtschaft«, der Tante, die in Wahrheit die Nachbarin ist, oder dem Onkel, der der Arzt ist. Mädchen fangen einen Monat früher an zu sprechen als Jungen, und Frauen verfügen über ein besseres Wortgedächtnis als Männer, eine Überlegenheit, die »sich auch bei älteren Frauen, sogar bei über Achtzigjährigen feststellen« lässt.[127] In einer Untersuchung über Gespräche am Arbeitsplatz konnte nachgewiesen werden, »dass Frauen sich wesentlich häufiger als Männer auf eine lockere Unterhaltung einlassen, in der berufliche Themen nicht angesprochen werden. Dies dient der Knüpfung und Stärkung sozialer Beziehungen. Sie halten wiederum die Kommunikationswege offen, sodass auftretende Spannungen leichter zu lösen sind«.[128]

Natürlich bewegt man sich hier auf vermintem Gebiet. Um es deutlich zu sagen: Keine Verhaltensweise, nicht die von Männern, nicht die von Frauen, ist moralisch besser oder schlechter. Doch um Moral geht es gar nicht.

Die evolutionär-biologische Programmierung der Männer wie der Frauen erfüllt für die Gemeinschaft einen bestimmten Zweck. Am Donner-Pass waren es einige Männer, die durch das Holzfällen zwar ihre eigene Überlebenswahrscheinlichkeit reduzierten, durch ihre Tätigkeit aber zum Wohle aller beitrugen. Doch überall, wo im Gegenzug Frauen ihre kooperativen, sozialen und kommunikativen Fähigkeiten einsetzen, bilden sich familienähnliche Strukturen um sie herum – auch in sozialen Milieus, die extrem männerdominiert sind, wie Untersuchungen zur Unterwelt im neuseeländischen Wellington gezeigt haben. Denn auch wenn die sozialen Fähigkeiten von Frauen in unserer Kultur positiv kodiert sind, so bedeutet das noch lange nicht, dass Frauen auch nur aus hehren Motiven handeln.

Der Drogenmarkt in Wellington etwa ist, wie alle Drogenmärkte der Welt, ein ökonomisches System mit einem fast vollständigen Mangel an Vertrauen, Loyalität und Kooperation. Die übliche Vorstellung, dass in einem solchen System Frauen auf der niedrigsten Hierarchiestufe die Rolle der ausgebeuteten Opfer spielen und Männer die Funktion der sozial dominanten Täter einnehmen, haben Barbara Denton und Pat O'Malley widerlegt. Im Gegenteil: Die Drogenhändlerinnen fanden sich auf allen Stufen der Unterwelt, und einige von ihnen beschäftigten eine Vielzahl von männlichen Dealern und Hilfskräften.

Den Drogenhändlerinnen gelang es – viel effizienter als ihren männlichen »Geschäftspartnern« –, den Handel zur »Familiensache« zu machen und in ihrem Geschäftsumfeld verwandtschaftsähnliche Loyalitäten aufzubauen. Sie kooperierten eng mit ihrer Herkunftsfamilie (von der sich viele ihrer männlichen »Geschäftspartner« längst gelöst hatten) und schafften es gleichzeitig, den Kreis der direkten Verwandten fiktiv auszudehnen, Außenstehende gleichsam zu adoptieren und Beziehungen zu schaffen. Dies alles geschah, wohlgemerkt, in einem sozialen Umfeld, das, anders als das der italienischen Mafia, nicht von großen, seit Generationen kooperierenden, sondern von zumeist bereits zerfallenen Familien geprägt war.[129]

Im Grunde haben wir all diese Effekte unbewusst registriert: Jeder kennt, aus dem Leben oder aus der Literatur, die sich in der Familie aufopfernde, zeitlebens unverheiratete Tante, aber niemand kennt einen Onkel, der Gleiches getan hätte. Eine Reihe von Untersuchungen hat belegt, dass einer der elementarsten Unterschiede zwischen den Geschlechtern im Austausch emotionaler Hilfe, dem Geben und Nehmen von sozialem Kapital besteht. Unter Stressbedingungen ist der Wunsch von Mädchen oder Frauen, »sich mit anderen zu verbinden, sehr viel ausgeprägter als bei Männern«.[130]

Die Beispiele für die vertrauensbildenden Effekte weiblicher sozialer Intelligenz lassen sich beliebig vermehren, und es ist kein Zufall, dass sich das Forschungsinteresse in den vergangenen Jahren auch mit Blick auf die schrumpfenden Geburtenzahlen immer stärker dieser Eigenschaft zugewandt hat: Weibliche Lebewesen steuern die soziale Evolution – so die Aussage einer aktuellen Untersuchung.[131] Die Gründe, warum sich diese Fähigkeiten im Laufe von Jahrmillionen herausgebildet haben, sind noch nicht annähernd erforscht. Da Frauen schwächer als Männer sind, sich weniger gut verteidigen können, als Schwangere verletzlich und als Mütter abhängig, profitieren sie auch mehr als Männer von starken sozialen Bindungen. »Frauen«, resümieren die beiden Autoren einer Studie über das soziale Kapital der Geschlechter, Joanne Savage und Satoshi Kanazawa, »haben eine Reihe psychologischer

Mechanismen entwickelt, die es ihnen erlauben, starke Bindungen aufzubauen und zu erhalten.«[132]

Unsere schrumpfenden Gesellschaften, die sich neu organisieren, werden, ob sie wollen oder nicht, von diesen Vorteilen der Frau immer häufiger Gebrauch machen müssen, nicht nur in sozialen Netzwerken, in den Medien – wo der Prozess zuerst begonnen hat –, sondern auch im Zentrum von Institutionen: Frauen werden händeringend als qualifizierte Arbeitskräfte gesucht werden, sie werden existenziell als Mütter und in den Familien als Großmütter gebraucht werden, und sie werden dank ihrer sozialen Kompetenz eine wirkliche Marktlücke in einer Welt, in der es an Familie mangelt, füllen.

Dieser Prozess der Umorganisation ist bereits seit langem in Gang. Jetzt beschleunigt ihn die Verknappung von Nachwuchs. Er greift gleichzeitig in die biologischen, sozialen und kulturellen Systeme unserer Gesellschaft ein und könnte so selbstverständlich sein, dass der heutige ratlose wie ironische Geschlechterdiskurs bald ebenso skurril wirkt wie beispielsweise die feudalen Nostalgien emigrierter russischer Adeliger nach der Oktoberrevolution.

Es geht nämlich in der Krise des Wohlfahrtsstaates nicht mehr um Lebensformen und Machtfragen allein, sondern darum, woher das soziale Kapital beschafft werden soll, um diese Lebensformen zu ermöglichen. Und da es sich bei Familienbildung und Fortpflanzung nun einmal um gesellschaftliche Prozesse handelt, die biologischen Determinaten weit mehr unterworfen sind, als wir es wahrhaben wollen, ist es vielleicht nicht schlecht, sich in der Natur umzusehen, um abzuschätzen, was auf uns zukommt.

Geburten

Geraten Gesellschaften in Krisen oder Populationen einer Spezies an ein artbedrohendes Minimum, so setzt die Natur mit einer ziemlichen Entschlossenheit aufs ewig Weibliche. Das zeigt sich in Situationen, die eine Gefahr für die Gemeinschaft sind. Normalerweise kommen hundertsechs Männer auf hundert Frauen – einfach deshalb, weil Männer gefährlicher leben als Frauen. In gefährlichen Zeiten, in elementaren Krisen- und Katastrophenmomenten dreht sich dieses Verhältnis schlagartig um. So veränderte sich nach dem großen Londoner Smog von 1952, der Flut von Brisbane, der Dioxin-Katastrophe von Seveso und dem Erdbeben von Kobe bei den Neugeborenen auf einen Schlag das zahlenmäßige Verhältnis der Geschlechter – es wurden plötzlich weniger Jungen geboren.[133]

Die Erklärungen für dieses Phänomen sind vielfältig, jedoch neigen mittlerweile die meisten Wissenschaftler zu der Annahme, dass der männliche Fötus unter extremen Stressbedingungen der Mutter eher in Mitleidenschaft gezogen wird als der weibliche. Was dazu führt, dass in äußersten Notlagen Mädchen durch die Evolution und ihre Mechanismen favorisiert werden. Und als Notlage – das war die nächste überraschende Erkenntnis – gilt der Evolution offenbar nicht nur die außerordentliche Naturkatastrophe wie Erdbeben oder Krieg.

Auch ökonomischer und sozialer Stress, hohe Arbeitslosigkeit oder die plötzliche Transformation einer Gesellschaft können dazu führen, dass die Mütter mehr Mädchen als Jungen auf die Welt bringen. Die Triftigkeit dieser These ist in jüngster Zeit mehrfach nachgewiesen worden. So war in den neuen Bundesländern das sekundäre Geschlechterverhältnis, also das Geschlechterverhältnis bei Neugeborenen, im Jahre 1991 so unausgewogen wie niemals zuvor seit dem Ende des Zweiten Weltkriegs. Es wurden mehr Mädchen als Jungen geboren – und für die Forscher steht fest, dass diese »Umverteilung« in direktem Zusammenhang mit dem ökonomischen Kollaps der Nachwendezeit steht.[134] Die folgende Grafik zeigt, dass das Geschlechterverhältnis 1991 auf dem tiefsten Stand seit 1946 war:

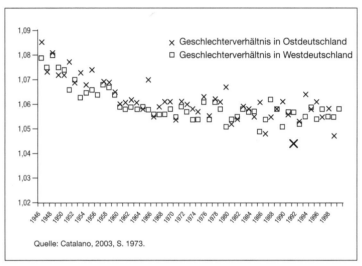

Quelle: Catalano, 2003, S. 1973.

Das hervorgehobene Kreuz markiert die auffällige Abweichung des Geschlechterverhältnisses bei Neugeborenen in Ostdeutschland im Jahr 1991.

Fast wirkt es so, als würde in Zeiten der Entwertung von ökonomischem Kapital die Rolle der Hüterinnen des sozialen Kapitals in einer Gesellschaft an Bedeutung gewinnen. Die Erkenntnis, dass es einen engen Zusammenhang zwischen makroökonomischen Entwicklungen und den Kinderwünschen von Frauen gibt, ist nicht neu. Doch nun wird klar, dass sich dieser Zusammenhang eben nicht nur auf der Ebene des Verstandes und bewusster Entscheidungen abspielt – weshalb der Kinderwunsch tatsächlich auch nie durch rationale Argumente wie demographische Faktoren oder Rentensicherheit beeinflusst werden kann.

Ökonomische Krisen beeinflussen vor allem die biologischen Mechanismen, die das Geschlechterverhältnis von Neugeborenen bestimmen; und wahrscheinlich ist dies nur das offenkundigste Symptom. Noch sind uns viele andere Auswirkungen dieses engen Zusammenhangs zwischen Biologie und Ökonomie unbekannt. So hat sich bisher beispielsweise noch keine Erklärung für folgenden Zusammenhang gefunden: Im Zuge der ökonomischen Stabilisierung hatte sich in Ostdeutschland schon 1992, also nur ein Jahr später, das quantitative Verhältnis zwischen Jungen und Mädchen wieder angeglichen. Allerdings brach die Geburtenrate in den neuen Bundesländern kurz darauf auf geradezu spektakuläre Weise ein: 0,7 Kinder pro Frau, ein weltweit noch nie gemessenes Minimum.

Dieses Phänomen tritt nicht nur in Krisenstaaten auf. Das konnte 2005 eine amerikanische Forschergruppe nachweisen; die Untersuchung zeigt über einen Zeitraum von fast drei Jahren hinweg, dass in Kalifornien weniger Jungen zur Welt kamen, je höher die Arbeitslosenquote war.[135]

Natürlich werden derartige Veränderungen nicht die Geschlechterverhältnisse umstürzen oder den vor allem durch Abwanderung im Osten entstehenden Engpass auf dem Heiratsmarkt beheben können. Und man könnte diese sonderbare Bevorzugung, die die Natur Frauen in Krisensituationen angedeihen lässt, durchaus den Statistikern überlassen, wenn sie wirklich nur auf das quantitative Verhältnis der Geschlechter bei Neugeborenen beschränkt wäre. Aber dahinter verbirgt sich weit mehr: Eine Gesellschaft ist in der Frage ihres Bevölkerungserhalts oder -zuwachses kaum von der Zahl der Männer, sondern fast ausschließlich von der Zahl der Frauen abhängig.

Töchter

Dass Mütter Gemeinschaften bilden und die Nation als Mutter dargestellt wird, ist ein urmythologisches Thema. Schon immer haben sich die abendländischen Gesellschaften, insbesondere in den Umbruch- und Krisenzeiten, Geschichten zugelegt, in denen die Rollen der Mütter und Urmütter bebildert wurden – von der Neuerfindung der kämpfenden Frauen der *Germania* des Tacitus über Heinrich von Kleists Ode *Germania an ihre Kinder* im frühen neunzehnten Jahrhundert bis hin zum Germania-Kult des späten neunzehnten Jahrhunderts. »Doch keine Szene«, so die Historikerin Ute Frevert, »in der sich Germania direkt an ihre Töchter wendet.«[136] Und genau das könnte sich jetzt ändern.

Langsam, aber sicher zeichnet sich in Deutschland beim Kinderwunsch eine Vorliebe für Töchter ab. Sie ist im Augenblick noch halbbewusst. Doch bald schon könnte aus dieser Bevorzugung, wie Hilke Brockmann vom Max-Planck-Institut für demographische Forschung erklärt, ein expliziter Wunsch werden: »Was wir im Augenblick vorhersagen können«, so die Demographin, »ist, dass sich die Präferenzen mit der Entwicklung des Wohlfahrtsstaates verändern. Durch die erhöhte Erwerbstätigkeit von Frauen und der wachsenden ›Last des Alterns‹ wird sich der Wert einer Tochter in einer Einkindfamilie erhöhen, da sie künftig beides kann: die Rolle des Brotverdieners spielen und die des Betreuers.«[137]

Wie der Wunsch nach Töchtern unsere Gesellschaft verändern wird, kann man sich nicht konkret genug vorstellen. Was, wenn die Wunschtöchter nicht geboren werden? Dann setzen Kultur und Arbeitswelt ein. Die westlichen Gesellschaften sind äußerst geschickt darin, wie Sarah Hrdy formuliert, eine Art »Feinabstimmung« nach der Geburt vorzunehmen – je nachdem, welches Geschlecht ihren Zielen langfristig am besten dient.[138]

Wie stark solche biologisch motivierten Geschlechterpräferenzen im Fall männlicher Nachkommen in unsere Zivilisation eingreifen, auch dort, wo wir es gar nicht für möglich halten, haben im Jahre 2002 zwei Ökonomen der Universität Washington, Shelly Lundberg und Elaina Rose, untersucht. Ihnen ging es nicht darum herauszufinden, ob Männer oder Frauen unterschiedlich viel Lohn bekommen. Sie interessierten sich für eine sehr viel aufregendere Frage: Ob die Väter von Söhnen und die Väter von Töchtern bei gleicher Tätigkeit unterschiedlich bezahlt werden. Die Prognose der Biologie wäre in diesem Fall ziemlich eindeutig gewesen: Wenn es einem gut geht, werden Söhne von der Natur eher honoriert als Töchter – bei den Sumpfbibern etwa oder den schottischen Rothirschen.[139] Und wie man jetzt hinzufügen kann, auch bei den Sozialversicherungsnummerträgern der Vereinigten Staaten. »Unsere bemerkenswertesten Ergebnisse«, schreiben die Autoren, »betreffen den Effekt des Geschlechts des Kindes auf das

Arbeitseinkommen des Mannes. Söhne erhöhen die jährlichen Arbeitsstunden des Mannes und sein Gehalt erheblich mehr als Töchter.«[140] Das gleiche Phänomen ist in einer im Jahre 2005 publizierten Studie in Deutschland beobachtet worden: Wenn das erstgeborene Kind ein Sohn ist, erhöht sich die jährliche Arbeitsstundenzahl eines Vaters um erstaunliche hundert Stunden.[141]

Väter, so muss man daraus folgern, arbeiten mehr für ihre erstgeborenen Söhne als für ihre erstgeborenen Töchter, weil sie offenbar der Meinung sind, dass ihre Söhne mehr Ressourcen benötigen. Eine Gesellschaft, die sich überwiegend Töchter wünscht, wird ihre Ressourcen entsprechend umleiten. Diese Entwicklung muss man auch auf der Folie des geistigen und politischen Konflikts mit den islamischen Kulturen lesen. Der wachsende Töchterwunsch der alternden Europäer kontrastiert mit dem immer noch expliziten Sohneswunsch der jungen muslimischen Welt.

Das heißt natürlich nicht, dass Söhne in Deutschland später keine Rolle als Ernährer und Unterstützer spielen werden. Wenn der Sozialstaat den Einzelnen mehr und mehr auf sich selbst oder in die Familien zurückverweist, wird das auch gar nicht möglich sein. Die Männer werden, um beim Bild der Donner-Gruppe zu bleiben, immer als die Holzfäller und Jäger in unserer Gemeinschaft gebraucht werden. Nicht, dass Söhne unzeitgemäß werden, ist die interessante Information, sondern, dass für Töchter eine neue Nachfrage entstanden ist. Söhne sind als Brot- und Geldverdiener wichtige Unterstützer ihrer Familien; trotz mancher Verweiblichungstendenzen hat ihr evolutionäres Erbe sie nicht besonders gut für verwandtschaftliche Fürsorglichkeit ausgerüstet. Söhne können also nicht, was

Töchter neuerdings können: schlichtweg alles auf einmal. Töchter können sozial kompetent, fürsorglich *und* Brotverdiener sein. Durch diesen Zuwachs an Möglichkeiten werden Töchter erstmals in der Geschichte der modernen Gesellschaften universale Funktionen beider Geschlechter ausüben können.

Sie sind der Mittelpunkt eines sozialen Netzes, das umso wichtiger wird, je instabiler die Gesellschaft ist. Eltern, die sich im Alter versorgt sehen wollen, bauen auf Töchter, nicht auf Söhne. Töchter helfen den Eltern nicht nur mehr, sie bleiben auch häufiger in Kontakt, selbst wenn sie in andere Gegenden ziehen. In vielen ländlichen Regionen der Welt zeigt sich, dass die Migrantinnen ihre Eltern eher mit Geld unterstützen als Söhne und viel dafür tun, um sie nachkommen zu lassen.[142]

All das, um es noch mal zu sagen, ist nicht Gesetz. Jeder kennt Menschen, die ganz anders handeln, denken und fühlen, als es Hirnforschung und Evolutionsbiologie vorhersagen. »Biologie ist nicht Schicksal«, wie der amerikanische Politologe Francis Fukuyama schreibt, aber, so kann man hinzufügen, das biologische Erbe schreibt an Drehbüchern unseres Lebens mit, auch wenn wir es stets verdrängen.[143]

Man gelangt in der Regel mithilfe von Töchtern und Frauen in Krisen- und Umbruchzeiten, vereinfacht gesagt, direkter zum Ziel. Als Mütter sind sie der Kern der Familien, als Frauen Kern der sozialen Netze, als Töchter und Schwestern Experten der »moralischen Ökonomie« über die Generationengrenzen hinweg. Und nicht nur das: Man legt sich mit ihnen auch eine Art Spezialistentruppe für soziale Reparaturen zu.[144]

James D. Wolfensohn, Präsident der Weltbank, hat das vor zehn Jahren so formuliert: »Wenn man einen Jungen erzieht, erzieht man eine Person, wenn man ein Mädchen ausbildet, bildet man eine ganze Nation aus.«[145] Das freilich heißt, dass wir in den Ranzen unserer Kinder noch weiteres Gepäck laden. Hier handelt es sich nicht mehr nur um die Schulden, die wir hinterlassen, auch nicht um den emotionalen Stress, den wir ihnen dadurch bereiten, dass wir zu wenige Mithelfer in die Welt gesetzt haben. Jetzt geht es um eine Neuerfindung von Lebensformen und Bildungsbiographien, die sich nicht mehr dem Wunsch nach Selbstverwirklichung verdanken, sondern von den Umständen erzwungen werden.

Ein Mädchen des Jahrgangs 2000 muss als junge Erwachsene all die Lebensformen zwischen Kind und Karriere vereinen, die ihrer Mutter oder ihren älteren Schwestern heute noch als Optionen erscheinen. Bereits im nächsten Jahrzehnt wird es um die wenigen jungen Arbeitskräfte einen Verteilungskampf von Industrie und Wirtschaft geben. Weil die Altersgruppe der Fünfundzwanzig- bis Vierundvierzigjährigen in der EU bis 2050 um mindestens zwanzig Prozent fallen wird – in einigen Ländern sogar um dreißig Prozent –, entsteht eine beträchtliche Nachfrage nach immer mehr Frauen im Erwerbsleben. Spätestens dann wird von den Frauen verlangt werden, beides zu leisten: das Bruttosozialprodukt zu steigern und das Land mit Nachwuchs zu versorgen. Denn wer soll es sonst tun, wenn nicht sie?

Doch damit allein ist es nicht getan. Die Mädchen müssen vermehrt in naturwissenschaftliche und technische Berufe – um nicht nur die ausgefallenen Jungen zu ersetzen, sondern auch all jene, die wir aufgrund unserer Verschwendung von Humankapital, durch schlechte Schulen und fehlende integrative Maßnahmen geradezu böswillig um ihre Chancen gebracht haben. Uns ist noch nicht richtig klar, dass hier der Gesellschaft und den jungen Frauen eine Bildungsaufgabe bevorsteht, für die wir – obwohl die Zeit drängt – noch nicht einmal ein Problembewusstsein entwickelt haben.

Unsere Gesellschaft stellt nämlich zwei einander widerstreitende Forderungen an eine ohnehin minimierte Generation von Mädchen: Sie werden in Mehrgenerationenfamilien bei immer weniger gleichaltrigen Verwandten immer häufiger ihre soziale Kompetenz einsetzen müssen – und zumindest viel stärker als Jungen das Gefühl haben, dass sie die zerfallenden Netzwerke zusammenhalten müssen. Ihre Eltern haben sich ja deshalb eine Tochter gewünscht. Zugleich sollen sie Berufe ausüben, die entwicklungsgeschichtlich männlich besetzt und mit den empathischen Begabungen von Frauen in Konkurrenz stehen.

Vor einigen Jahren ermittelten Wissenschaftler in einer landesweiten Talentsuche in den Vereinigten Staaten eine Gruppe mathematisch hoch begabter Siebtklässler. Der Evolutionspsychologe Steven Pinker führt aus, was geschah: »Diese Teenager wurden in die zweite Welle des Feminismus hineingeboren, von ihren Eltern dazu angehalten, ihre Begabungen zu entwickeln (alle besuchten sie mathematische und naturwissenschaftliche Sommerprogramme), und waren sich über ihre Leistungsfähigkeit vollkommen im Klaren. Trotzdem berichteten die hoch begabten Mädchen den Forschern, ihr Interesse gelte eher Menschen, ›sozialen Werten‹ sowie humanitären und altruistischen Zielen, während die hoch begabten Jungen erklärten, sie würden sich mehr für Dinge, ›theoretische Werte‹ und abstrakte geistige Problemstellungen interessieren. Auf dem College belegten die jungen Frauen ein breites Spektrum von Fächern in den Bereichen Geisteswissenschaften, Naturwissenschaften und den Künsten, während die Jungen sich ziemlich einseitig und abgeschottet auf Mathematik und Naturwissenschaften konzentrierten. Wie unter diesen Umständen nicht anders zu erwarten, machten weniger als ein Prozent der jungen Frauen einen Doktor in Mathematik, Physik oder Ingenieurwissenschaften, während es bei den jungen Männern immerhin acht Prozent waren. Die Frauen studierten stattdessen Medizin, Jura, Geisteswissenschaften und Biologie.«[146]

Da, wie hier deutlich wird, noch immer vor allem kulturelle Prägungen den Lernerfolg bestimmen, könnte es für die Zukunft besser sein, Jungen und Mädchen in naturwissenschaftlichen Fächern getrennt zu unterrichten. Wie sich erst kürzlich in Amerika herausgestellt hat, schneiden weibliche Einwanderer in Informatik besser ab als in Amerika geborene Studentinnen. Vermutlich weil die Einwanderinnen anders als die Amerikanerinnen im Ausland in reinen Mädchenschulen groß geworden waren und nicht das Gefühl verinnerlicht hatten, dass sie sich illegitim in einer Wissenschaftsdomäne der Männer aufhielten. Es kann daher sinnvoll sein, die Mädchen auf ihre Aufgabe in naturwissenschaftlichen und technischen Feldern besonders vorzubereiten.

Auch in dieser Frage geht es natürlich nicht um eine neue Ausschließlichkeit – es geht darum, sich an veränderte Gegebenheiten anzupassen. Und nicht darum, das naturwissenschaftlich-technische gegen das geisteswissenschaftliche, künstlerische und medizinische Interesse der nachwachsenden Mädchengeneration auszuspielen. Das wäre für die Gesellschaft mindestens ebenso fatal, denn es ist dieses Interesse, das Frauen zu Hüterinnen des kulturellen Gedächtnisses macht.

Damit ist die Geschichte vom schweren Gepäck der Mädchen aber noch nicht zu Ende erzählt. Das eine Gewicht, das sie noch zusätzlich aufgeladen bekommen, besteht in der emotionalen und physischen Betreuung von Großeltern, Eltern und kinderlosen Verwandten angesichts geringer Rentenzahlungen und einer funktionsunfähigen Pflegeversicherung. Das zweite Gewicht in einer fast zwingend erscheinenden Erwerbstätigkeit, zunehmend auch in Bereichen, die als klassische Männerdomänen gelten. Dann aber kommt noch ein drittes Gewicht hinzu: der Ruf nach mehr Kindern. Er wird anders erklingen, wenn die europäischen Gesellschaften, die im Augenblick noch die Ruhe vor der demographischen Vergletscherung erleben, erst einmal richtig aufgewacht sind: lauter, drängender, fordernder. Es ist eine Sache, ob man abstrakt über fehlende Kinder spricht. Etwas ganz anderes aber ist es, wenn man täglich der Folgen gewahr wird.

Wie wird dieser Ruf bei den jungen Frauen des Jahres 2026 ankommen – Frauen, wohlgemerkt, die jetzt als Kleinkinder und Heranwachsende bereits unbewusst in ihrer Familien- und Nachwuchsentscheidung geprägt worden sind? Sie sind die Töchter selbstbewusster Mütter, die die Lehren ihres eigenen Lebens weitergeben werden und die in unserer Gesellschaft noch eine ganze Weile mitspielen werden.

Großmütter

Ganze Männergenerationen, inklusive Oskar Matzerath aus *Die Blechtrommel*, der erste wirkliche Held der deutschen Nachkriegsliteratur, flüchten unter die Röcke der Großmutter, wenn es ernst wird – ein Höhlengleichnis für Staatengründungen überhaupt. Bis zum Jahr 2030 wird die durchschnittliche Lebenserwartung von Frauen in den Industrienationen auf neunzig Jahre angewachsen sein; schon jetzt sind zwei Drittel der über Sechzigjährigen Frauen und drei Viertel der über Siebzigjährigen. Weltweit bilden Frauen, die ihre reproduktive Phase beendet haben und biologisch keine Kinder mehr bekommen können, fünfzehn Prozent der Weltbevölkerung.[147]

Die Lektion vom Donner-Pass gilt ja auch für die heutigen Männer. Auch wenn sie nicht jagen, Holz fällen oder nach Gold graben – die Lebenserwartung von Männern liegt fast zehn Jahre unter der von Frauen. Wenn in Deutschland und Italien der Anteil von über fünfzigjährigen Frauen bis zur Mitte des Jahrhunderts auf einunddreißig Prozent gestiegen sein wird, werden sie eine der wichtigsten Wählergruppen der Zukunft darstellen.

Man hat diesen Vorgang die »Verweiblichung des Alters« genannt, aber dieser sanfte Begriff wird den gesellschaftlich-revolutionären Folgen dieser Verschiebung nicht annähernd gerecht. Die Frage ist nämlich, *warum* Frauen ihre reproduktive Phase fast noch einmal um ein ganzes Menschenleben überdauern können – bei keiner Spezies, von der wir wissen, gibt es das. Die Suche nach der Antwort führt uns zurück in die Kälte am Donner-Pass und in das Chaos von Summerland.

Seit kurzem beschäftigen sich Anthropologie und Evolutionspsychologie mit der Bedeutung der Frauen jenseits des fünfundvierzigsten Lebensjahrs – und dieses Interesse ist augenscheinlich mit den demographischen Veränderungen der Industriegesellschaften aufgekommen.[148]

»Irgendwann auf dem Weg zur Menschwerdung«, so schreibt Eckhart Voland, »ist etwas geschehen, was heute noch die Anthropologen verwirrt: eine deutlich verlängerte Lebensspanne, die die helfende Großmutter auf die Bühne des Lebens brachte.«[149] Großmütter sind, so scheint es, von der Natur gleichsam »altruistisch« konstruiert (was natürlich nicht heißt, dass sie als Individuen altruistisch sind); sie helfen ihren Töchtern bei der Aufzucht von Kindern und erhöhen damit auch ihre eigenen Überlebenschancen. Untersuchungen in Afrika und Indien haben gezeigt, dass die Präsenz von Großmüttern – oder älteren Frauen – die Gesundheit, Körpergröße und Intelligenz der Enkelkinder entscheidend beeinflussen kann.[150] Auch die !Kung und ihre Lebensweise zeigen, wie sehr ältere Frauen naturgeschichtlich zu »Lebensmitteln« für die Erziehung ihrer Enkelkinder geworden sind; ihre positiven Effekte sind immer wieder dokumentiert worden.

Diese Arbeitsteilung zwischen jüngeren und älteren Frauen ist nicht vollkommen überraschend: Die Aufzucht eines Kindes bis zu seiner Unabhängigkeit, schreibt Sarah Hrdy, kostete unsere Vorfahren, grob geschätzt, dreizehn Millionen Kalorien. »Menschliche Mütter produzieren ein neues Baby, lange bevor sein älteres Geschwister unabhängig ist. (…) Woher kam die Hilfe?«[151] Alles spricht dafür, dass diese Hilfe eher nicht von den wichtigen, aber unzuverlässigen Vätern kam, sondern von den Großmüttern.

Damit ist nicht gesagt, dass es die Aufgabe der älteren Frauen der Zukunft sein wird, sich um den Nachwuchs zu kümmern; obgleich Tendenzen einer solchen Entwicklung unübersehbar sind. Schon vor Jahren meldeten sich total erschöpfte und restlos überforderte Großmütter bei der *Washington Post*.[152] Eine aktuelle Untersuchung in Deutschland hat die »Großmutter-Hypothese« bestätigt: »Großmütter von der mütterlichen Linie sehen ihre Enkelkinder häufiger als solche von der väterlichen. Deutsche Großmütter waren am häufigsten in die Betreuung ihrer Enkel eingebunden.«[153]

Der Grund, warum ältere Frauen Mechanismen der verwandtschaftlichen und sozialen Hilfe ausgeprägt haben, liegt in der Angst begründet, zurückgelassen zu werden. Männer wurden nicht alt und brauchten sich deshalb nicht nützlich zu machen. Wurden sie es doch, wie Hardkoop auf dem Donner-Pass, vermochten sie es offenbar auch nicht, sich unentbehrlich zu machen. Aber aus dieser Urangst müssen sich im Laufe der Zeit immer mehr soziale Verhaltensweisen entwickelt haben, die am Ende dazu führten, dass in Familienkontexten niemand mehr zurückgelassen wird. »In menschlichen und nichtmenschlichen Primatengemeinschaften«, schreibt Sarah Hrdy, »sind weibliche Lebewesen willens, Hilfe zu leisten, um die Kosten ihres Dabeiseins zu reduzieren. In menschlichen Gemeinschaften sammeln alte Frauen Nahrung, bringen sie der Verwandtschaft und teilen sie. Das Teilen von Nahrung – bei allen anderen Primaten unüblich und ernährungsmäßig uninteressant – eröffnete eine neue Möglichkeit für einen bedeutenden Zuwachs an Altruismus in menschlichen Gemeinschaften.«[154]

Dies alles sind keine Erinnerungen an die Zeit vor 1,7 Millionen Jahren. Eine Gesellschaft wird auch biologisch geprägt, und bis zu einem gewissen Punkt ist Biologie tatsächlich Schicksal – dann, wenn gerettet, geholfen und geliebt werden soll, dann, wenn die Entscheidung zu Nachwuchs in einer kinderarmen Welt fällt.

Eine Gesellschaft mit vielen Familien ist anders als eine Gesellschaft mit vielen Einzelgängern; eine Gesellschaft mit vielen jungen Leuten ist oft aggressiver und kampfeslustiger als eine Gesellschaft, die sich aus vielen älteren Menschen zusammensetzt. Ganze Staaten – wie etwa das Frankreich des Jahres 1914, das sich einem »jungen« Deutschland gegenübersah und fortan Bevölkerungspolitik betrieb – können durch solche Erfahrungen für Generationen traumatisiert werden.

Jetzt werden wir eine neue Erfahrung machen, und die Geduldeten von einst werden zusammen mit ihren begehrten Töchtern die Gesellschaft mehr prägen als je in der Vergangenheit zuvor – und die Frage wird sein, ob ihr evolutionäres Erbe dazu dienen wird, die dringend benötigten, nicht rein ökonomischen, sondern altruistischen Netzwerke auch für diejenigen zu bilden, die sich in keinem Familienzusammenhang mehr aufgehoben fühlen werden.

Der amerikanische Politologe Francis Fukuyama geht noch weiter und spricht von einer Fortsetzung dieses evolutionären Erbes in der Politik.[155] In seinem Essay *Frauen und die Evolution der Weltpolitik* prognostiziert er Veränderungen der Politik schon aufgrund der Tatsache, dass der Frauenanteil durch Langlebigkeit immer weiter steigt. Heute, mit dem Abstand von fast einem Jahrzehnt, muss man Fukuyama, der seinerzeit für seinen Essay heftig kritisiert wurde, zugestehen, dass er die Entwicklungen eines immer stärkeren Gewichts von Frauen in Politik und Medien tatsächlich zutreffend vorausgesagt hat. Im Europa der sich reduzierenden und schwindenden Familienstrukturen, so Fukuyama, werden gerade die älteren Frauen die Verteilung von Werten in der Gesellschaft überwachen. Sie werden, so glaubt er, angesichts schwindender Familiengrößen und geringerer Kinderzahlen auch immer weniger bereit sein, militärische Aktionen ihrer Länder zuzulassen. »Es gibt keine Möglichkeit«, so Fukuyama 1998, »vorauszusagen, wie die großen Anteile von Frauen wählen werden, aber es scheint wahrscheinlich, dass sie weiblichen Politikern mehr Führungsaufgaben zubilligen werden. Edward Luttwak vom Center for Strategic and International Studies vermutet, dass der Niedergang der Familiengrößen die Bürger westlicher Staaten viel empfindlicher für militärische Verluste macht, als dies bei agrarischen Gesellschaften mit ihrem Übergewicht an jungen, heißköpfigen Männern der Fall ist.«[156]

Man mag diese These für übertrieben halten – oder auch nicht. Entscheidend ist, dass die Verknappung verwandtschaftlicher Ressourcen einerseits und der Anstieg der Frauenanteile in den Gesellschaften andererseits selbst in den Augen außenpolitischer Strategen Frauen die Rolle von Netzwerkbewahrern zuschreibt. Frauen sind, um die Trivialität auszusprechen, natürlich keine besseren Menschen. Aber diese Großmütter, Mütter und Töchter werden entscheiden, ob und wie unsere Gemeinschaft neu entsteht.

Erbengemeinschaft

Am Donnerstag, den 13. Juli 1995, kam die große Hitze über Chicago. Es war so heiß, dass die Feuerwehrleute Brücken unter Wasser setzten, um zu verhindern, dass ihre Aufhängungen schmolzen. Überall wurden die Klimaanlagen hochgedreht, und schon nach wenigen Stunden brach in einigen Teilen der Stadt die Stromversorgung zusammen. Die Menschen wurden gereizt, öffneten die Hydranten, was wiederum zu einem Verlust des Wasserdrucks in etlichen Wohnbezirken führte. Als die Polizei und die Feuerwehr die Hydranten verschließen wollten, mussten sie sich mit Steinen bewerfen lassen.

Am Freitag, den 14. Juli, wurden bereits tausende Bewohner der Stadt mit schweren Hitzesymptomen in die Krankenhäuser eingeliefert. Und als es am 20. Juli wieder kühler wurde, hatte die Hitze über siebenhundert Todesopfer gefordert. Besonders viele Todesfälle konzentrierten sich auf einen Stadtteil, in dem auffallend viele allein stehende fünfundsechzigjährige Männer gestorben waren. Die Behörden nahmen an, dass die Männer zu arm gewesen seien, um sich Ventilatoren oder Klimaanlagen zu leisten, und deshalb in so großer Zahl umkamen.

Das war die offizielle Lesart, bis Eric Klinenberg, Professor für Soziologie an der Universität von New York, sich die Sache ansah. Was er herausfand, nannte er, in einem mittlerweile berühmten Bericht, die »soziale Autopsie eines

Unglücks«[157]: die Begutachtung einer Katastrophe, an deren Ende sich herausstellte, wer aus welchen Gründen starb und wer überlebte – eine weitere Geschichte vom Donner-Pass am Ende des zwanzigsten Jahrhunderts.

Zunächst wiederholten sich die Befunde, die fast einhundertfünfzig Jahre zuvor am Donner-Pass eine so große Rolle gespielt hatten: Die Rate der männlichen Opfer übertraf die der weiblichen um das Doppelte, obwohl demographisch genau das Gegenteil erwartet worden war. Chicago zählte mehr ältere Frauen, und mehr ältere Frauen als Männer lebten allein. Aber nicht nur das war überraschend. Die meisten der älteren männlichen Opfer hatten sich in ihren Apartments eingeschlossen. Sie lebten in einem unsicheren, verarmten Stadtteil hinter verrammelten Türen und Fenstern und empfanden offenbar schon ihre eigenen Nachbarn als Bedrohung. Anders als die überlebenden Frauen hatten sie ihre verwandtschaftlichen Beziehungen immer weiter auf ein Minimum zurückentwickelt.

Ganz anders sah es hingegen in South Lawndale, dem gegenüberliegenden Stadtteil, aus. Auch hier gab es viele sehr arme Leute und keine Klimaanlagen. Aber die Todesrate war nicht nur niedrig, sondern überdurchschnittlich niedrig. Wie war das zu erklären?

In South Lawndale wohnten überwiegend Latinos, deren lebensfrohe und familiengeprägte Kultur ein gewaltiges Vertrauenskapital geschaffen hatte – Verwandte achteten aufeinander, und Freunde konnten zu angenommenen Verwandten werden. Diese Bevölkerungsgruppe, obwohl eine der ärmsten der Stadt, trug nur zwei Prozent zu den Opfern der großen Hitzewelle bei.

Journalisten und Behörden wiesen sofort darauf hin, dass die Familienwerte den Latinos das Überleben ermöglicht hatten. Doch Klinenberg zeigte, dass dies in einer hochmodernen Stadt Weiterungen hatte, die über die bloßen »Werte« hinausgingen. *Weil* diese Bevölkerungsgruppe in Familien lebte, gestalteten sich auch die sozialen und räumlichen Kontexte so, dass Familienbindungen überhaupt möglich waren: ein lebendiges Geschäftsleben, belebte Plätze und Straßen und vor allem ständig neue Freundschaftsgruppen, die sich entweder durch die Frauen oder die Kinder konstituierten. Funktionierende Familiennetzwerke, so die Botschaft, verändern den Raum. Chicago, so hatte es einer der Fernsehmoderatoren genannt, war in diesen Tagen nur noch eine Stadt, die sich aufteilte in ein Revier der Geburten und in ein Revier der Sterbefälle.

Und damit sind wir wieder bei uns selbst angelangt. Noch hat es nicht jeder bemerkt, aber unsere Gesellschaft redet, wenn sie die Zukunft thematisiert, immer häufiger über Geburt und Tod. Sie spricht entweder über die fehlenden Kinder und den schwindenden Anteil junger Arbeitskräfte. Oder über die großen Erbfälle der Zukunft, über jenen Augenblick, da die geburtenstarken Jahrgänge ihr Erbe entgegennehmen. Es wird vermutlich so etwas wie der erste große Generationentransfer des neuen Jahrhunderts – noch einmal ein großes Geben und Nehmen. Dieser von manchen heiß ersehnte, von manchen gefürchtete Tag liegt, grob geschätzt, zehn Jahre in der Zukunft. Die Banken, der Staat und die Finanzmagazine berechnen ständig, was dieser Tag bedeutet. Fünfzehn Millionen Haushalte erben zwei Billionen Euro – das ist nicht nur ein ziemlich beispielloser Transfer der Vergangenheit in die Zukunft, sondern auch umgekehrt: der Zukunft in die heutige Gegenwart.

Doch nicht jeder wird sich freuen. Eine Million Menschen wird nichts oder nur Schulden erben, und auch die meisten anderen werden zwar große Erwartungen hegen, allenfalls aber nur mit einem kleinen Vermächtnis rechnen können.

Aber was dann geschieht, erst bei wenigen, dann bei einer wachsenden Zahl von Menschen, ist sehr ungewöhnlich und hat mit Geld gar nichts zu tun. Denn jetzt beginnt eine Berechnung ganz anderer Art: Wer ist eigentlich noch da, und wer ist mit wem verbunden? Man kann es den Beginn einer großen, gesellschaftlichen Verwaisung nennen. Alle diese fünfzehn Millionen Haushalte verlieren durch den Erbfall einen relativ nahen Verwandten, die meisten einen oder beide Elternteile. Während Großväter und Großmütter, Väter und Mütter abtreten, bleiben die erwachsenen Kinder zurück. Es könnte sein, dass das materielle Erbe einen riesigen Verlust an sozialem Kapital, an emotionaler und mentaler Absicherung bedeutet. Werden wir Menschen sein, die sich in Wohnungen einschließen, oder wird es uns gelingen, neue Netzwerke aufzubauen?

Die Kurven steigen, die Kurven fallen, das gehört zur Selbsterfahrung unserer Gesellschaft. Doch diese eine Kurve fällt nachweislich seit dreißig Jahren unablässig. Wenn innerhalb eines Jahrzehnts der Kinderwunsch bei unter dreißigjährigen Männern um fünfzehn Prozent, bei Frauen um fünf Prozent sinkt, ist die »moralische Ökonomie«, die Ressource Altruismus, ebenfalls rückläufig.[158] Das klingt moralisch, lässt sich aber leicht in Zahlen übersetzen oder in

Formeln der Gegenseitigkeit: Denn unter diesem Schwund werden die leiden, die später einmal, als Abhängige im Alter, auf Fürsorge angewiesen sind, ohne sich Zuwendung kaufen zu können.

Besorgnis über die Bedrohung der Familien und die Schrumpfung der Bevölkerung ist nicht, wie vielfach behauptet, die konservative Sehnsucht nach der heilen Zeit der Familie. 1974 diagnostizierte der sozialistische Historiker Harry Braverman, was unzählige andere auch empfanden: »Die Bevölkerung verlässt sich nicht mehr auf soziale Organisationsformen in Gestalt von Familie, Freunden, Nachbarn, Gemeinschaft, Älteren und Kindern, sondern bedient sich des Markts nicht nur für Nahrung, Kleidung und Wohnung, sondern auch für Erholung, Unterhaltung, Sicherheit, für die Betreuung der Jungen, der Alten, der Kranken, der Behinderten. Bald werden nicht nur die Material- und Dienstleistungsbedürfnisse der Gesellschaft durch den Markt bestimmt sein, sondern auch alle emotionalen Erscheinungsformen des Lebenszyklus.«[159]

Die große Chance liegt darin, zu erkennen, dass das, was die Gemeinschaft im Innersten zusammenhält, nicht vom Markt, aber auch nicht vom Staat organisiert werden kann: jene Handlungen, für die Eltern und Kinder kein Geld und keine Anerkennung bekommen, die so selbstverständlich sind, dass es keine Orden gibt und keine Sozialversicherung – Selbstverständlichkeiten, wie gesagt, die nun, da sie zum sich verknappenden Gut zu werden drohen, einen hohen Preis kosten.

Das wirkliche Erbe, das wir hinterlassen können, ist die Einsicht, dass das, was Familien füreinander tun, für alle getan ist. Von den Ereignissen am Donner-Pass über die

Gehälter von Vätern, die Söhne haben, bis hin zu den neuen Wunschtöchtern zieht sich ein einziger roter Faden: Es gibt Rollen, die wir uns nicht auswählen, sondern die uns wählen. Das gibt Hoffnung: Wenn Kinder das verinnerlichen, was sie gelebt sehen, dann haben wir eine gewaltige Chance, ein wirkliches Erbe zu hinterlassen. Unser Glaube an die totale Verfügbarkeit aller Rollen und Stile und Zeiten, unsere stillschweigende, durch das Fernsehen verinnerlichte Überzeugung davon, dass selbst das Schicksal nur ein Programm, nur die freie Wahl des Menschen ist, hat uns vergessen lassen, dass wir mit Elementargewalten spielen.

Ist da jemand, oder sind wir allein? Jeder, dem man diese Frage vor ein paar Jahren gestellt hätte, wusste sofort, an wen sie gerichtet war – an die unendlichen Weiten des Universums und der Galaxien, die nie ein Mensch zuvor gesehen hat. Während diese Sätze geschrieben werden, in diesem Augenblick, sind fünf Millionen Menschen über ihre Heimcomputer-Netzwerke an einem Projekt beteiligt, mit dem nach Zeichen außerirdischen Lebens gesucht wird. Ist da jemand, der uns hilft? Könnte sein, wir stellen die Frage eines Tages und der Blick bleibt ganz nah.

Anmerkungen

Die Männer

[1] Die Ereignisse unterlagen schon zum Zeitpunkt des Geschehens der sensationsheischenden Berichterstattung des *California Star*. Von dort stammt die Behauptung, die Mitglieder der Donner-Gruppe hätten sich durch Kannibalismus an ihren Mitreisenden am Leben erhalten. Beteiligte haben dieser Behauptung stets widersprochen. Ende 2005 veröffentlichten Archäologen der Universität Oregon die Ergebnisse wissenschaftlicher Ausgrabungen am Ort der Katastrophe. Kein Indiz, so die Archäologen, spreche für diese Behauptung; es handle sich offenbar um ein Produkt von Sensationsgier und Mythenbildung. Auch Mullens Chronologie (siehe Fußnote 3) übernimmt die Sensationsgeschichten vielfach ohne Distanzierung.
http://www.uoregon.edu/newsstory.php?a=1.12.06-Donner.html
[2] Diese Zeichnung findet sich in: Reed Murphy, V.: *Across the plains in the Donner party*. With letters by James Reed. Hg. v. Karen Zeinert. North Haven, 1995.
[3] Mullen, F.: *The Donner Party Chronicles. A day-by-day-account of a doomed wagon train 1846–1847*. Nevada, 1997, S. 37.
[4] Mullen, S. 51.
[5] Mullen, S. 252.
[6] Es gibt bekanntlich eine unübersehbare Literatur zum Unterschied von »Gemeinschaft« und »Gesellschaft«. Ich benutze das Wort »Gemeinschaft« im alltäglichen Wortsinn.
[7] Grayson, D. K.: »Differential mortality and the Donner Party Disaster.« In: *Evolutionary Anthropology*, 1993, 2, S. 151-159.
[8] Grayson, S. 151-159.
[9] Grayson, S. 151-159.
[10] Grayson, S. 151-159. Vgl. z. B. auch: McCullough, J. M. / Barton, E. Y.: »Relatedness and mortality risk during a crisis year: Plymouth Colony, 1620–1612.« In: *Ethology and Sociobiology*, 1991, 12, S. 195-209.

Nachwuchs

[11] Grayson, S. 151-159.
[12] Eberstadt, N.: »World population implosion?« In: *Public Interest*, 22. September 1997, 129, S. 3-22.
[13] *The Economist*, 25. September 1999.
[14] Eberstadt, S. 3-22. Vgl. auch: Rogerson, P. A. / Kim, D.: »Population distribution and redistribution of the baby-boom cohort in the United States: Recent trends and implications.« In: *Proceedings of the National Academy of Sciences (PNAS)*, 2005, 102, 43, S. 15323.
[15] Livi-Bacci, M.: »Demographic shocks: The view from history.« In: *Seismic shifts: The economic impact of demographic change*. Federal Reserve Bank of Boston Conference Series 46, 2001.
[16] Grayson, S. 151-159.

Schicksalsgemeinschaft

[17] Jünger, E.: *Die Hütte im Weinberg*. In: Ders.: Sämtliche Werke. Bd. 20. Stuttgart, 2000. 2. März 1946.
[18] Frisch, M.: *Tagebuch 1946–1949*. München, 1965, S. 31.
[19] Jünger, 24. Dezember 1945.
[20] So zum Beispiel: Bader, K. S.: »Das gegenwärtige Erscheinungsbild der deutschen Kriminalität.« In: *Der Konstanzer Juristentag 1947*. Hg. v. Militärregierung des französischen Besatzungsgebietes in Deutschland, Generaljustizdirektion. Tübingen, 1947. Ich folge hier und im weiteren Verlauf der Darstellung von: Willenbacher, B.: »Zerrüttung und Bewährung der Nachkriegs-Familie.« In: Broszat, M. / Henke, K. D. / Woller, H.: *Von Stalingrad zur Währungsreform. Zur Sozialgeschichte des Umbruchs in Deutschland*. München, 1988, S. 595–618.
[21] Willenbacher, S. 598.
[22] Willenbacher, S. 600.
[23] »Insbesondere«, so Barbara Willenbacher weiter, »bei der betrügerischen Erlangung von Bezugsberechtigungen war der Frauenanteil hoch. Dies deutet darauf hin, dass die gestiegene Kriminalität auf dem Mangel an Versorgungsgütern beruhte, vor allem bei allein stehenden Frauen mit Kindern, die nicht über Tauschgüter für den Schwarzmarkt verfügten und im Fall der Nichterwerbstätigkeit als Hausfrau zu den am schlechtesten versorgten Gruppen gehörten. Mit der Verbesserung des Nahrungsmittelangebots in den fünfziger Jahren sank dementsprechend die Kriminalität der Frauen auf das in Friedenszeiten übliche niedrige Niveau.« Willenbacher, S. 603.
[24] Willenbacher, S. 613. Auf den Optimismus der Jugendlichen hat, so Barbara Willenbacher, Helmut Schelsky in seiner Studie »Die Jugend der industriellen Gesellschaft und die Arbeitslosigkeit« hingewiesen; in: *Ar-*

beitslosigkeit und Berufsnot der Jugend. Hg. v. Deutscher Gewerkschaftsbund, Bundesvorstand, Düsseldorf, Hauptabteilung Jugend. Köln, 1952, Bd. 2.
[25] Livi-Bacci, S. 2f.
[26] Uhlenberg, P.: »Mortality decline in the twentieth century and supply of kin over the life course.« In: The Gerontologist, 1996, 36, 5, S. 601-605.
[27] Entscheidend bei Udo di Fabio und vgl.: Miegel, M.: Die deformierte Gesellschaft. Wie die Deutschen ihre Wirklichkeit verdrängen. Berlin, 2002.
[28] Fabio, U. di: Die Kultur der Freiheit. Der Westen gerät in Gefahr, weil eine falsche Idee der Freiheit die Alltagsvernunft zerstört. München, 2005, S. 157.
[29] Biedenkopf, K. / Bertram, H. / Käßmann, M. / Kirchhof, P. / Niejahr, E. / Sinn, H.W. / Willekens, F.: Starke Familie. Bericht der Kommission »Familie und demographischer Wandel«, Robert Bosch Stiftung. Stuttgart, 2005, S. 80f.
[30] Biedenkopf / et al., S. 81.
[31] Zit. bei: Willenbacher, S. 604. Vgl. Schelsky, H.: Wandlungen der deutschen Familie in der Gegenwart. Darstellung und Deutung einer empirisch-soziologischen Tatbestandsaufnahme. Stuttgart, 1960, S. 96.

Rollenspiele
Wer rettet wen?

[32] Sime, J. D.: »Affilative behaviour during escape to building exits.« In: Journal of Environmental Psychology, 1983, 3, S. 36. Vgl. auch: Voland, E.: Grundriss der Soziobiologie. Heidelberg, 2000, S. 117.
[33] An erster Stelle natürlich Richard Dawkins mit seinem Standardwerk Das egoistische Gen. Ihm widerspricht aus der Reihe der Verhaltensforscher am überzeugendsten Frans de Waal; vgl. Kotrschal, K.: Im Egoismus vereint? Tiere und Menschentiere – das neue Weltbild der Verhaltensforschung. München, 1995.
[34] Burnstein, E. / Crandall, C. / Kitayama, S.: »Some Neo-Darwinian decision rules for altruism: Weighing cues for inclusive fitness as a function of the biological importance of the decision.« In: Journal of Personality and Social Psychology, 1994, 67, 5, S. 778.
[35] Burnstein / et al., S. 783.
[36] Burnstein / et al., S. 776.
[37] Burnstein / et al., S. 773-789. Vgl. die Darstellung bei: Voland, S. 116-119. Natürlich gibt es Alltagsvarianten des Altruismus, die sich stark voneinander unterscheiden. Burnstein / et al., S. 778: »Wenn die biologischen Kosten und Prämien trivial sind (etwa bei der Hilfe beim Einkauf), kümmern sich die Helfer weniger um verwandtschaftliche Nähe als um ihr Ansehen und darum, ihr Gewissen zu beruhigen. Wenn in Katastrophensituationen Entscheidungen über Leben und Tod gefällt werden müssen,

achten Menschen sehr auf die Verwandtschaftsverhältnisse, sodass nahe Verwandte entfernteren Verwandten bevorzugt werden. In diesem Fall helfen die Menschen eher den Jungen als den Alten (wenn die Umgebung es zulässt), eher den Gesunden als den Kranken, eher den Reichen als den Armen (sofern es sich bei den Hilfsempfängern um entfernte Verwandte handelt) und eher den fruchtbaren Frauen als den postmenopausalen. Unter Alltagsbedingungen führen Gewissen und Erziehung dazu, eher den ganz Jungen oder Alten zu helfen – weniger den Menschen mittleren Alters; eher den Kranken als den Gesunden, eher den Armen als den Reichen und eher den Frauen als den Männern.« Hier ist nicht der Ort, auf die fast unübersehbare Debatte einzugehen, in der vom Altruismus über den reziproken Altruismus und Kooperation gestritten wird. Für einen guten Überblick siehe: Ridley, M.: *Die Biologie der Tugend. Warum es sich lohnt, gut zu sein.* München, 1997, S. 79-211, und Voland, S. 117f. In unserem Zusammenhang geht es nur darum zu zeigen, wie groß die Reichweite des verwandtschaftlichen Altruismus im äußersten Fall ist, nämlich bis zur Aufopferung des eigenen Lebens.

[38] Farkas, J. I. / Hogan, D. P.: »The demography of changing intergenerational relationships.« In: Bengston, V. L. / et al.: *Adult intergenerational relations: Effects of societal change.* New York, 1994, S. 1-19. Vgl. dazu: Johnson, C. L.: »Perspectives on American kinship in the later 1990s.« In: *Journal of Marriage and the Family*, 2000, 62, 3, S. 626.

[39] Luhmann, N.: »Sozialsystem Familie.« In: Ders.: *Soziologische Aufklärung. 5. Konstruktivistische Perspektiven.* Opladen, 1990, S. 196-217.

Wer beschuldigt wen?

[40] Zit. bei: Matt, P. von: *Verkommene Söhne, mißratene Töchter. Familiendesaster in der Literatur.* München, 1997, S. 127.
[41] Matt, S. 127.
[42] Mann, T.: *Buddenbrooks. Verfall einer Familie.* Frankfurt am Main, 1992, S. 653.
[43] Matt, S. 245.
[44] Zit. bei: Mount, F.: *Die autonome Familie. Plädoyer für das Private. Eine Geschichte des latenten Widerstandes gegen Kirche, Staat und Ideologen.* Weinheim, 1982, S. 179.
[45] Mount, S. 180.
[46] Bentzen, P. / Marsh, J.: »Crows alter their thieving behavior when dealing with kin or other birds.« In: *EurekAlert!*, 11. März 2003.
[47] Lorenz, K.: *Die acht Todsünden der zivilisierten Menschheit.* München, 1974, S. 46f.
[48] Jankowiak, W. / Diderich, M.: »Sibling solidarity in a polygamous community in the USA: unpacking inclusive fitness.« In: *Evolution and Human Behavior*, 2000, 21, S. 125.

[49] Die nachfolgende Prosaübersetzung des Larkin-Gedichtes *This Be the Verse* wurde von Thomas Stegers erstellt:
Dies sei gedichtet
Papa und Mama verkorksen dich.
Ohne Absicht vielleicht, trotzdem.
Mit ihren Fehlern mästen sie dich
Und stopfen noch nach, außerdem.
Aber sie wiederum wurden auch verkorkst
Von alten Zöpfen und Hüten,
Die, mal streng sentimental,
Mal sich an die Gurgel gingen, brutal.
Der Mensch vererbt dem Mensch sein Elend,
Es vergrößert sich wie ein Küstenschelf.
Am besten gleich mach dem ein End
Und setz kein Kind mehr in die Welt.

[50] Sieder, R.: »Familien in Deutschland und Österreich.« In: Burguière, A. / et al.: *Geschichte der Familie*. Bd. 4, 20. Jahrhundert. Frankfurt am Main, 1998. S. 255.

[51] Kafka, F.: *Nachgelassene Schriften und Fragmente II in der Fassung der Handschrift*. Hg. v. Jost Schillemeit. Frankfurt am Main, 1992, S. 200.

[52] Beckett, S.: *Endspiel*. Frankfurt am Main, 1974, S. 31.

[53] Mommsen, T.: *Römische Geschichte*. München, 2001.

[54] Matt, S. 125 f.

Wer benachteiligt wen?

[55] Frank, R. H. / Gilovich, T. / Regan, D. T.: »Does studying economics inhibit cooperation?« In: *Journal of Economic Perspectives*, 1999, 7, 2, S. 159-171. Vgl. auch die Abschiedsvorlesung mit Selbstversuch von Hermann Sautter: *Wie berechtigt ist die Kritik am ökonomischen Zynismus?*, vom 14. Februar 2003 an der Georg-August-Universität Göttingen.

[56] Zit. bei: Longman, P.: *The empty cradle. How falling birthrates threaten world prosperity and what to do about it*. New York, 2004, S. 166 f.

[57] Die Statistik findet sich auf S. 9 unter folgender Webseite: http://www.bosch-stiftung.de/download/02050100_starke_familie.pdf

[58] Biedenkopf / et al., S. 81.

[59] Biedenkopf / et al., S. 80.

Wer entmutigt wen?

[60] Testa, M. R. / Grilli, L.: »Lernen die jüngeren Generationen von den älteren? Ideale Familiengröße in Europa: Trend zur Kleinfamilie erweist

sich als längerfristig.« In: *Demografische Forschung aus erster Hand*, 2005, 2, S. 4.
61 Bertram, H.: »Familie auf dem Prüfstand.« Im Gespräch mit Christian Wildt. In: *InfoRadio Berlin*, 26. August 2005. http://www.inforadio.de/radiotoread.do?subpage=null&command=detailview&dataid=68187
62 Chasiotis, A. / Hofer, J. / Campos, D.: *When does liking children lead to parenthood? Younger siblings, implicit prosocial power motivation, and explicit love for children predict parenthood across cultures.* University of Osnabrück / University of Costa Rica, 2005. Manuskript im Druck. Mit Dank an Eckhart Voland für Hinweis und Überlassung.
63 Die Statistik findet sich auf S. 9 unter folgender Webseite: http://www.bosch-stiftung.de/download/02050100_starke_familie.pdf
64 Chasiotis / et al., Fußnote 6, S. 45.
65 Bertram, H.: »Lebensverläufe und Kinder.« In: Biedenkopf, K. / Bertram, H. / Käßmann, M. / Kirchhof, P. / Niejahr, E. / Sinn, H. W. / Willekens, F.: *Starke Familie*. Bericht der Kommission »Familie und demographischer Wandel«. Robert Bosch Stiftung. Stuttgart, 2005, S. 34-61.
66 Mueller, K. A. / Yoder, J. D.: »Stigmatization of non-normative family size status.« In: *Sex Roles*, 1999, 41, 11/12, S. 901-919.
67 Mueller / Yoder, S. 912.
68 Mulder, M. B.: »The demographic transition: Are we any closer to an evolutionary explanation.« In: *TREE*, 1998, 13, 7, S. 268.
69 Livson, N. / Day, D.: »Adolescent personality antecedents of completed family size: A longitudinal study.« In: *Journal of Youth and Adolescence*, 1977, 6, 4, S. 311-324.
70 Livson / Day, S. 322.
71 Livson / Day, S. 322.
72 Livson / Day, S. 323.
73 Levitt, S. D. / Dubner, S. J.: *Freakonomics*. München, 2006, S. 163.

Wer heiratet wen?

74 Sprecher, S. / Toro-Morn, M.: »A study of men and women from different sides of earth to determine if men are from Mars and women are from Venus in their beliefs about love and romantic relationships.« In: *Sex Roles*, 2002, 46, 5/6, S. 131-147.
75 Sprecher / Toro-Morn, S. 131-147.
76 Sprecher / Toro-Morn, S. 131-147.
77 Wilkins, R. / Gareis, E.: »Emotion expression and the locution ›I love you‹: A cross-cultural study.« In: *International Journal of Intercultural Relations*, 2006, 30, S. 51–75.
78 Lippe, H. von der / Fuhrer, U.: »Erkundungen zum männlichen Kinderwunsch. Ergebnisse einer psychologischen Interviewstudie mit dreißig-

jährigen ostdeutschen Männern zur Familiengründung.« In: *Forum Qualitative Sozialforschung* [Online-Journal], 2004, 4, 3, S. 4. http://www.qualitative-research.net/fqs-texte/3-03/3-03vonderlippefuhrer-d.htm

[79] Lippe, H. von der: »Vaterschafts-Wunsch und eigene Entscheidung? Ergebnisse einer Interviewstudie mit dreißigjährigen Männern aus Rostock zur Familiengründung.« In: *Vater werden, Vater sein, Vater bleiben: psychosoziale, rechtliche und politische Rahmenbedingungen.* Hg. v. Heinrich-Böll-Stiftung. Dokumentation einer Fachtagung der Heinrich-Böll-Stiftung und des »Forum Männer in Theorie und Praxis der Geschlechterverhältnisse« am 24. und 25. Mai 2002 in Berlin. Berlin, 2002, S. 100.

[80] Martin, F. O.: »Marriage Squeeze in Deutschland – aktuelle Befunde auf Grundlage der amtlichen Statistik.« In: Klein, T. (Hg.): *Partnerwahl und Heiratsmuster. Sozialstrukturelle Voraussetzungen der Liebe.* Opladen, 2001, S. 287-313.

[81] Kaufmann, F.-X.: *Schrumpfende Gesellschaft. Vom Bevölkerungsrückgang und seinen Folgen.* Frankfurt am Main, 2005, S. 166 f.

[82] http://www.berlin-institut.org/10ergebnisse.pdf

[83] Zit. in: Hudson, V. M. / Boer, A. M. den: *Bare branches. The security implications of Asia's surplus male population.* Cambridge, 2004, S. 195.

[84] Hudson / Boer, S. 195.

[85] Hudson / Boer, S. 195.

Wer spielt wen?

[86] Zit. in: Hannover, I. / Birkenstock, A.: *Familienbilder im Fernsehen. Familienbilder und Familienthemen in fiktionalen und nicht-fiktionalen Fernsehsendungen.* Hg. v. Adolf Grimme Institut. Marl, 2005, S. 15-17.

[87] Hannover / Birkenstock, S. 15-17.

[88] Hannover / Birkenstock, S. 38.

[89] Putnam, R. D.: *Bowling alone. The collapse and revival of American community.* New York, 2000.

[90] Dunbar, R.: *Klatsch und Tratsch. Wie der Mensch zur Sprache fand.* München, 2002, S. 254.

[91] Kanazawa, S.: »Bowling alone with our imaginary friends.« In: *Evolution and Human Behavior*, 2002, 23, S. 161-171. Eine Replik von Freese, J.: »Imaginary friends? Television viewing and satisfaction with friendships.« In: *Evolution and Human Behavior*, 2003, 24, S. 65-69.

[92] Kanazawa, S. 161-171.

[93] Longman, S. 32.

[94] Dunn, J. S.: *Mass Media and Individual Reproductive Behavior in Northeastern Brazil.* Paper presented at the 24th General Population Conference of the International Union for the Scientific Study of Population. Salvador, Bahia, Brasilien, 18.-24. August 2001. Vgl. Longman, S. 203.

[95] Dunn, S. 20.

[96] Longman, S. 32.
[97] Dunn, S. 20.

Wer informiert wen?

[98] http://www.goethe.de/kug/prj/ein/enindex.htm
[99] Willenbacher, S. 201.
[100] Dunbar, S. 191.
[101] Dunbar, S. 191.
[102] Zit. und erkl. in: Burnstein / et al., S. 784.

Wer trägt wen?

[103] Die Statistik findet sich auf S. 64 unter folgender Webseite: http://www.bosch-stiftung.de/download/02050100_starke_familie.pdf. Die Berechnung stammt von Hans Bertram, vgl.: Bertram, 2005.
[104] Bertram, S. 34-61
[105] Bertram, S. 34-61
[106] Birg, H.: Interview. Im Gespräch mit Dr. Michael Schramm. In: *br-alpha*, 17. Oktober 2001.
http://www.br-online.de/alpha/forum/vor0110/20011017_i.shtml
[107] Berkman, L. F.: »Assessing the physical health effects of social networks and social support.« In: *Annual Review of Public Health*, 1984, S. 413-43.
[108] Kaufmann, F.-X.: *Die demographische Entwicklung und die künftige Rolle der Familie – statistische und soziologische Überlegungen*. Typoskript, o. O., o. J. Vgl. auch: Kaufmann, F.-X. / et al.: *Partnerbeziehungen und Familienentwicklung in Nordrhein-Westfalen*. Schriftenreihe des Ministerpräsidenten des Landes Nordrhein-Westfalen. Düsseldorf, 1988.
[109] Banfield, E.: *The Moral Basis of a Backward Society*. New York, 1958.
[110] Biedenkopf / et al., S. 80.

Wer vernetzt wen?

[111] Salmon, C. A. / Daly, M.: »On the importance of kin relations to Canadian women and men.« In: *Ethology and Sociobiology*, 1996, 17, 5, S. 292 ff.
[112] Salmon / Daly, S. 295.
[113] Jankowiak / Diderich, S. 134.
[114] Martin, L. G. / Preston S. (Hg.): *Demography of Aging*. Committee on Population. National Research Council. Washington, 1994, S. 157.
[115] Ikkink, K. / Tilburg, T. van: »Do older adults' network members continue to provide instrumental support in unbalanced relationships?« In:

Journal of Social and Personal Relationships, 1998, 15, S. 59-75. Siehe außerdem: Ikkink, K. / Tilburg, T. van: »Broken ties: Reciprocity and other factors affecting the termination of older adults' relationships.« In: *Social Networks*, 1999, 21, S. 131-146.
[116] Wachter, K. W.: *Kinship resources for the elderly*. Philosophical transactions of the Royal Society of London, Reihe B. London, 1997, S. 1811.
[117] Neyer, F. J. / Lang, F. R.: »Blood is thicker than water: Kinship orientation across adulthood.« In: *Journal of Personality and Social Psychology*, 2003, 84, 2, S. 319.

Die Frauen

[118] Grayson, S. 153.
[119] Baron-Cohen, S.: *Vom ersten Tag an anders. Das weibliche und das männliche Gehirn*. Düsseldorf / Zürich, 2004, S. 180.
[120] Keverne, E. / Nevison, C. M. / Martel, F. L.: »Early learning and the social bond.« In: Carter, S. C. / Lederhendler, I. I. / Kirkpatrick, B.: *The integrative neurobiology of affiliation*. New York, 1997, S. 329-339.
[121] Hrdy, S. B.: *Mutter Natur. Die weibliche Seite der Evolution*. Berlin, 2000, S. 178.
[122] Vgl. Shkolnikov, V. M. / Andreev, E. M. / Houle, R. / Vaupel, J. W.: *To concentration of reproduction in cohorts of US and European women*. Hg. v. Max-Planck-Institut für demographische Forschung. MPIDR-working paper, WP 2004-027. Rostock, 2004. http://www.demogr.mpg.de/papers/working/wp-2004-027.pdf Die Verfasser bemerken, »that the West German women experience the highest level of concentration of reproduction ($CR=0.43$, $Havehalf=0.26$) mostly due to very high childlessness of 24 percent. Proportion of women with one child is as high as 27 percent, while proportions of women with 2+ children are relatively low. West German women experience the lowest average completed fertility of 1.5 children per woman. Although these estimates correspond to age 35, the average and the distribution of women by number of children would not change significantly between ages 35 and 40.«
[123] Baron-Cohen, S. 86.
[124] Rossi, A. S. / Rossi, P. H.: *On human bonding. Parent-child relations across the life course*. New York, 1990, S. 222 f.
[125] Rossi / Rossi, S. 403-408.
[126] Baron-Cohen, S. 11.
[127] Baron-Cohen, S. 89.
[128] Baron-Cohen, S. 82.
[129] Denton, B. / O'Malley, P.: »Gender, trust and business: Women drug dealers in the illicit economy.« In: *The British Journal of Criminology*, 1999, 39, 4, S. 513-530.

[130] Luckow, A. / Reifman, D. / McIntosh, N.: *Gender differences in coping: A Meta-Analysis.* Poster session presented at the 106th Annual Convention of the American Psychological Association. San Francisco, CA., 14.-18. August 1998. Vgl. Savage J. / Kanazawa S.: »Social capital and the human psyche: Why is social life ›capital‹?« In: *Sociological Theory,* 2004, 22, 3, S. 504-524.

[131] Lindenfors, P. / Fröberg, L. / Nunn, C. L.: *Females drive primate social evolution.* Proceedings of the Royal Society. London, 2003.

[132] Savage / Kanazawa, S. 514.

[133] Lyster, W. R.: »Altered sex ratio after the London smog of 1952 and the Brisbane flood of 1965.« In: *Journal of Obstetrics and Gynaecology of the British Commonwealth,* 1974, 81, S. 626-631. Vgl. Fukuda, M. / Fukuda, K. / Shimizu, T. / Yomura, W. / Shimizu, S.: »Kobe earthquake and reduced sperm motility.« In: *Human Reproduction,* 1996, 11, S. 1244-1246.

[134] Catalano, R. A.: »Sex ratios in the two Germanies: A test of the economic stress hypothesis.« In: *Human Reproduction,* 2003, 18, 9, S. 1971-1995.

[135] Catalano, R. A. / Bruckner, T. / Anderson, E. / Gould, J. B.: »Fetal death sex ratios: a test of the economic stress hypothesis.« In: *International Journal of Epidemiology,* 2005, 34, S. 944–948.

[136] Brandt, B. / Grone, C. / Frevert, U.: *Deutschlands Söhne und Töchter. Geschlecht und Nation im Deutschland des 19. Jahrhunderts.* Forschung an der Universität Bielefeld 20, 1999.

[137] Brockmann, H.: *Girls preferred? Changing patterns of gender preferences in the two German states.* Hg. v. Max-Planck-Institut für demographische Forschung. MPIDR-working paper, WP 1999-010. Rostock, 1999. http://www.demogr.mpg.de/Papers/Working/WP-1999-010.pdf

[138] Hrdy, 2000, S. 391.

[139] Zur umfangreichen Literatur über die Trivers-Willard-Hypothese siehe: Voland, 2000. Vgl. außerdem: Hrdy, 2000, S. 382-395.

[140] Lundberg, S. / Rose, E.: »The effects of sons and daughters on men's labor supply and wages.« In: *The Review of Economics and Statistics,* 2002, 84, 2, S. 251-268.

[141] Choi, H. J. / Joesch, J. M. / Lundberg, S.: *Work and family: Marriage, children, child gender and the work hours and earnings of West German men.* Hg. v. Forschungsinstitut zur Zukunft der Arbeit. IZA DEP 1761. Bonn, 2005. http://www.diw.de/english/sop/soeppub/dokumente/diskussionspapiere/iza/

[142] In Regionen, in denen Töchtern die Migration erschwert wird, können auch Motive wie die Abzahlung einer fiktiven Tochterschuld eine Rolle spielen. Vgl. VanWey, L. K.: »Altruistic and contractual remittances between male and female migrants and households in rural Thailand.« In: *Demography,* 2004, 41, 4, S. 739–756.

[143] Fukuyama, F.: »Women and the evolution of world politics.« In: *Foreign Affairs,* September/Oktober 1998, S. 31 f.

[144] Für die weitreichenden sozialen Konsequenzen einer Bevorzugung von

weiblichem Nachwuchs in bestimmten Krisensituationen vgl.: Kanazawa, S. / Vandermassen, G.: »Engineers have more sons, nurses have more daughters. An evolutionary psychological extension of Baron-Cohen's extreme male brain theory of autism and its empirical implications.« In: *Journal of Theoretical Biology*, 2005, 233, S. 589-599.
[145] Wolfensohn, J. D.: *Women and the transformation of the 21st century. Address to the fourth UN conference on women.* Beijing, 15. September 1995.
[146] Pinker, S.: *Das unbeschriebene Blatt. Die moderne Leugnung der menschlichen Natur.* Berlin, 2003, S. 492.
[147] Vgl. Voland, E. / Chasiotis, A. / Schievenhövel, W.: *Grandmotherhood. The evolutionary significance of the second half of female life.* London, 2005, S. 7.
[148] Vgl. Voland / et al., Einleitung.
[149] Voland / et al., S. 1.
[150] Voland / et al., S. 160–194.
[151] Hrdy, S. B.: »Cooperative breeders with an ace in the hole.« In: Voland / et al., S. 296.
[152] Hrdy, 2000, S. 318-333.
[153] Schölmerich, A. / Leyendecker, B. / Citlak, B. / Miller, A. / Harwood, R.: »Variability of grandmothers' roles.« In: Voland / et al., S. 277-292.
[154] Hrdy, 2005, S. 308.
[155] Fukuyama, S. 31 f.
[156] Fukuyama, S. 38.

Erbengemeinschaft

[157] Klinenberg, E.: *Heat Wave: A social autopsy of disaster in Chicago.* Chicago, 2002.
[158] Henry-Hutmacher, C. / Hoffmann, E.: *Familienreport 2005.* Konrad Adenauer Stiftung. Sankt Augustin, 2005, S. 24.
[159] Braverman, H. / Sweezy, P. / Bellamy Foster, J.: »Labor and monopoly capital.« In: *Monthly Review Press*, 1974, S. 248.

Literaturverzeichnis

Aristoteles: *Rhetorik*. In: Ders.: Werke in deutscher Übersetzung, Bd. 4. Berlin, 2002.
Bader, K. S.: »Das gegenwärtige Erscheinungsbild der deutschen Kriminalität.« In: *Der Konstanzer Juristentag 1947*. Hg. v. Militärregierung des französischen Besatzungsgebietes in Deutschland, Generaljustizdirektion. Tübingen, 1947.
Banfield, E.: *The moral basis of a backward society*. New York, 1958.
Baron-Cohen, S.: *Vom ersten Tag an anders. Das weibliche und das männliche Gehirn*. Düsseldorf / Zürich, 2004.
Becker, G. S.: *A treatise on the family*. Cambridge, 1981.
Becker, G. S.: *Familie, Gesellschaft und Politik – die ökonomische Perspektive*. Tübingen, 1999.
Beckett, S.: *Endspiel*. Frankfurt am Main, 1974.
Bentzen, P. / Marsh, J.: »Crows alter their thieving behavior when dealing with kin or other birds.« In: *EurekAlert!*, 11. März 2003.
Berkman, L. F.: »Assessing the physical health effects of social networks and social support.« In: *Annual Review of Public Health*, 1984, S. 413-32.
Bertram, H.: »Familie auf dem Prüfstand.« Im Gespräch mit Christian Wildt. In: *InfoRadio Berlin*, 26. August 2005. http://www.inforadio.de/radiotoread.do?subpage=null&command=detailview&dataid=68187
Bertram, H.: »Lebensverläufe und Kinder.« In: Biedenkopf, K. / Bertram, H. / Käßmann, M. / Kirchhof, P. / Niejahr, E. / Sinn, H.W. / Willekens, F.: *Starke Familie*. Bericht der Kommission »Familie und demographischer Wandel«. Robert Bosch Stiftung. Stuttgart, 2005, S. 34-61.
Biedenkopf, K. / Bertram, H. / Käßmann, M. / Kirchhof, P. / Niejahr, E. / Sinn, H.W. / Willekens, F.: *Starke Familie*. Bericht der Kommission »Familie und demographischer Wandel«, Robert Bosch Stiftung. Stuttgart, 2005.
Birg, H.: Interview. Im Gespräch mit Dr. Michael Schramm. In: *br-alpha*, 17. Oktober 2001. http://www.br-online.de/alpha/forum/vor0110/20011017_i.shtml
Brandt, B. / Grone, C. / Frevert, U.: *Deutschlands Söhne und Töchter. Geschlecht und Nation im Deutschland des 19. Jahrhunderts*. Forschung an der Universität Bielefeld 20, 1999.
Braverman, H. / Sweezy, P. / Bellamy Foster, J.: »Labor and monopoly capital.« In: *Monthly Review Press*, 1974.

Brockmann, H.: *Girls preferred? Changing patterns of gender preferences in the two German states.* Hg. v. Max-Planck-Institut für demographische Forschung. MPIDR-working paper, WP 1999-010. Rostock, 1999. http://www.demogr.mpg.de/Papers/Working/WP-1999-010.pdf

Burnstein, E. / Crandall, C. / Kitayama, S.: »Some Neo-Darwinian decision rules for altruism: Weighing cues for inclusive fitness as a function of the biological importance of the decision.« In: *Journal of Personality and Social Psychology*, 1994, 67, 5, S. 773-789.

Catalano, R. A. / Bruckner, T. / Anderson, E. / Gould, J. B.: »Fetal death sex ratios: A test of the economic stress hypothesis.« In: *International Journal of Epidemiology*, 2005, 34, S. 944-948.

Catalano, R. A.: »Sex ratios in the two Germanies: A test of the economic stress hypothesis.« In: *Human Reproduction*, 2003, 18, 9, S. 1971-1995.

Chasiotis, A. / Hofer, J. / Campos, D.: *When does liking children lead to parenthood? Younger siblings, implicit prosocial power motivation, and explicit love for children predict parenthood across cultures.* University of Osnabrück / University of Costa Rica, 2005.

Choi, H. J. / Joesch, J. M. / Lundberg, S.: *Work and family: Marriage, children, child gender and the work hours and earnings of West German men.* Hg. v. Forschungsinstitut zur Zukunft der Arbeit. IZA DEP 1761. Bonn, 2005. http://www.diw.de/english/sop/soeppub/dokumente/ diskussionspapiere/iza/

Dawkins, R.: *Das egoistische Gen.* Heidelberg, 1994.

Denton, B. / O'Malley, P.: »Gender, trust and business: Women drug dealers in the illicit economy.« In: *The British Journal of Criminology*, 1999, 39, 4, S. 513-530.

Dunbar, R.: *Klatsch und Tratsch. Wie der Mensch zur Sprache fand.* München, 2002.

Dunn, J. S.: *Mass Media and Individual Reproductive Behavior in Northeastern Brazil.* Paper presented at the 24th General Population Conference of the International Union for the Scientific Study of Population. Salvador, Bahia, Brasilien, 18.-24. August 2001.

Eberstadt, N.: »World population implosion?« In: *Public Interest*, 22. September 1997, 129, S. 3-22.

Fabio, U. di: *Die Kultur der Freiheit. Der Westen gerät in Gefahr, weil eine falsche Idee der Freiheit die Alltagsvernunft zerstört.* München, 2005.

Farkas, J. I. / Hogan, D. P.: »The demography of changing intergenerational relationships.« In: Bengtson, V. L. / et al.: *Adult intergenerational relations: Effects of societal change.* New York, 1994, S. 1-19.

Frank, R. H. / Gilovich, T. / Regan, D. T.: »Does studying economics inhibit cooperation?« In: *Journal of Economic Perspectives*, 1999, 7, 2, S. 159-171.

Freese, J.: »Imaginary friends? Television viewing and satisfaction with friendships.« In: *Evolution and Human Behavior*, 2003, 24, S. 65–69.

Frisch, M.: *Stiller.* Frankfurt am Main, 1954.

Frisch, M.: *Tagebuch 1946–1949*. Frankfurt am Main, 1950.
Fromm, E.: *Haben oder Sein. Die seelischen Grundlagen einer neuen Gesellschaft*. Stuttgart, 1976.
Fromm, E.: *Die Kunst des Liebens*. Stuttgart, 1956.
Fukuda, M. / Fukuda, K. / Shimizu, T. / Yomura, W. / Shimizu, S.: »Kobe earthquake and reduced sperm motility.« In: *Human Reproduction*, 1996, 11, S. 1244-1246.
Fukuyama, F.: »Women and the evolution of world politics.« In: *Foreign Affairs*, September/Oktober 1998.
Grass, G.: *Kopfgeburten oder Die Deutschen sterben aus*. Darmstadt, 1980.
Grass, G.: *Die Blechtrommel*. Darmstadt, 1959.
Grayson, D. K.: »Differential mortality and the Donner Party Disaster.« In: *Evolutionary Anthropology*, 1993, 2, S. 151-159.
Hannover, I. / Birkenstock, A.: *Familienbilder im Fernsehen. Familienbilder und Familienthemen in fiktionalen und nicht-fiktionalen Fernsehsendungen*. Hg. v. Adolf Grimme Institut. Marl, 2005.
Henry-Hutmacher, C. / Hoffmann, E.: *Familienreport 2005*. Konrad Adenauer Stiftung. Sankt Augustin, 2005.
Hrdy, S. B.: »Cooperative breeders with an ace in the hole.« In: Voland, E. / Chasiotis, A. / Schievenhövel, W.: *Grandmotherhood. The evolutionary significance of the second half of female life*. London, 2005.
Hrdy, S. B.: *Mutter Natur. Die weibliche Seite der Evolution*. Berlin, 2000.
Hudson, V. M. / Boer, A. M. den: *Bare branches. The security implications of Asia's surplus male population*. Cambridge, 2004.
Ikkink, K. / Tilburg, T. van: »Broken ties: Reciprocity and other factors affecting the termination of older adult's relationships.« In: *Social Networks*, 1999, 21, S. 131-146.
Ikkink, K. / Tilburg, T. van: »Do older adults' network members continue to provide instrumental support in unbalanced relationships?« In: *Journal of Social and Personal Relationships*, 1998, 15, S. 59-75.
Jankowiak, W. / Diderich, M.: »Sibling solidarity in a polygamous community in the USA: unpacking inclusive fitness.« In: *Evolution and Human Behavior*, 2000, 21, S. 125-139.
Johnson, C. L.: »Perspectives on American kinship in the later 1990s.« In: *Journal of Marriage and the Family*, 2000, 62, 3, S. 623-639.
Jünger, E.: *Die Hütte im Weinberg*. In: Ders.: Sämtliche Werke. Bd. 20. Stuttgart, 2000.
Kafka, F.: *Nachgelassene Schriften und Fragmente II in der Fassung der Handschrift*. Hg. v. Jost Schillemeit. Frankfurt am Main, 1992, S. 200.
Kanazawa, S. / Vandermassen, G.: »Engineers have more sons, nurses have more daughters. An evolutionary psychological extension of Baron-Cohen's extreme male brain theory of autism and its empirical implications.« In: *Journal of Theoretical Biology*, 2005, 233, S. 589-599.
Kanazawa, S.: »Bowling alone with our imaginary friends.« In: *Evolution and Human Behavior*, 2002, 23, S. 161-171.

Kaufmann, F.-X.: *Die demographische Entwicklung und die künftige Rolle der Familie - statistische und soziologische Überlegungen.* Typoskript, o. O., o. J.

Kaufmann, F.-X.: *Schrumpfende Gesellschaft. Vom Bevölkerungsrückgang und seinen Folgen.* Frankfurt am Main, 2005.

Kaufmann, F.-X. / et al.: *Partnerbeziehungen und Familienentwicklung in Nordrhein-Westfalen.* Schriftenreihe des Ministerpräsidenten des Landes Nordrhein-Westfalen. Düsseldorf, 1988.

Keverne, E. / Nevison, C. M. / Martel, F. L.: »Early learning and the social bond.« In: Carter, C. S. / Lederhendler, I. I. / Kirkpatrick, B.: *The integrative neurobiology of affiliation.* New York, 1997, S. 329-339.

Kleist, H. von: *Germania an ihre Kinder.* München, 1921.

Klinenberg, E.: *Heat Wave: A social autopsy of disaster in Chicago.* Chicago, 2002.

Kotrschal, K.: *Im Egoismus vereint? Tiere und Menschentiere - das neue Weltbild der Verhaltensforschung.* München, 1995.

Larkin, P.: »This be the verse.« In: Ders.: *Collected Poems.* London, 1988.

Levitt, S. D. / Dubner, S. J.: *Freakonomics.* München, 2006.

Lindenfors, P. / Fröberg, L. / Nunn, C. L.: *Females drive primate social evolution.* Proceedings of the Royal Society. London, 2003.

Lippe, H. von der / Fuhrer, U.: »Erkundungen zum männlichen Kinderwunsch. Ergebnisse einer psychologischen Interviewstudie mit dreißigjährigen ostdeutschen Männern zur Familiengründung.« In: *Forum Qualitative Sozialforschung* [Online-Journal], 2004, 4, 3. http://www.qualitative-research.net/fqs-texte/3-03/3-03vonderlippe fuhrer-d.htm

Lippe, H. von der: »Vaterschafts-Wunsch und eigene Entscheidung? Ergebnisse einer Interviewstudie mit dreißigjährigen Männern aus Rostock zur Familiengründung.« In: *Vater werden, Vater sein, Vater bleiben: psychosoziale, rechtliche und politische Rahmenbedingungen.* Hg. v. Heinrich-Böll-Stiftung. Dokumentation einer Fachtagung der Heinrich-Böll-Stiftung und des »Forum Männer in Theorie und Praxis der Geschlechterverhältnisse« am 24. und 25. Mai 2002 in Berlin. Berlin, 2002. S. 94-102.

Livi-Bacci, M.: »Demographic shocks: The view from history.« In: *Seismic shifts: The economic impact of demographic change.* Federal Reserve Bank of Boston Conference Series 46, 2001.

Livson, N. / Day, D.: »Adolescent personality antecedents of completed family size: A longitudinal study.« In: *Journal of Youth and Adolescence,* 1977, 6, 4, S. 311-324.

Longman, P.: *The empty cradle. How falling birthrates threaten world prosperity and what to do about it.* New York, 2004.

Lorenz, K.: *Die acht Todsünden der zivilisierten Menschheit.* München, 1974.

Luckow, A. / Reifman, D. / Mcintosh, N.: *Gender Differences in Coping: A Meta-Analysis.* Poster session presented at the 106th Annual Convention of the American Psychological Association. San Francisco, CA., 14.-18. August 1998.

Luhmann, N.: »Sozialsystem Familie.« In: Ders.: *Soziologische Aufklärung. 5. Konstruktivistische Perspektiven.* Opladen, 1990, S. 196-217.

Lundberg, S. / Rose, E.: »The effects of sons and daughters on men's labor supply and wages.« In: *The Review of Economics and Statistics,* 2002, 84, 2, S. 251-268.

Lutz, W. / Skirbekk, V. / Testa, M. R.: *The low fertility trap hypothesis. Three mechanisms that can produce a downward spiral in the future number of births in very low fertility settings.* Österreichische Akademie der Wissenschaften. http://www.oeaw.ac.at/vid/download/pce/dec01/pm/Low_Fertility_Trap_01_12.pdf

Lyster, W. R.: »Altered sex ratio after the London smog of 1952 and the Brisbane flood of 1965.« In: *Journal of Obstetrics and Gynaecology of the British Commonwealth,* 1974, 81, S. 626-631.

Mann, T.: *Buddenbrooks. Verfall einer Familie.* Frankfurt am Main, 1992.

Martin, F. O.: »Marriage Squeeze in Deutschland – aktuelle Befunde auf Grundlage der amtlichen Statistik.« In: Klein, T. (Hg.): *Partnerwahl und Heiratsmuster. Sozialstrukturelle Voraussetzungen der Liebe.* Opladen, 2001, S. 287-313.

Martin, L. G. / Preston S. (Hg.): *Demography of Aging.* Committee on Population. National Research Council. Washington, 1994.

Matt, P. von: *Verkommene Söhne, mißratene Töchter. Familiendesaster in der Literatur.* München, 1997.

McCullough, J. M. / Barton, E. Y.: »Relatedness and mortality risk during a crisis year: Plymouth Colony, 1620–1612.« In: *Ethology and Sociobiology,* 1991, 12, S. 195-209.

Miegel, M.: *Die deformierte Gesellschaft. Wie die Deutschen ihre Wirklichkeit verdrängen.* Berlin, 2002.

Mommsen, T.: *Römische Geschichte.* München, 2001.

Mount, F.: *Die autonome Familie. Plädoyer für das Private. Eine Geschichte des latenten Widerstandes gegen Kirche, Staat und Ideologen.* Weinheim, 1982.

Mueller, K. A. / Yoder, J. D.: »Stigmatization of non-normative family size status.« In: *Sex Roles,* 1999, 41, 11/12, S. 901-919.

Mulder, M. B.: »The demographic transition: Are we any closer to an evolutionary explanation.« In: *TREE,* 1998, 13, 7, S. 266-270.

Mullen, F.: *The Donner Party Chronicles. A day-by-day account of a doomed wagon train 1846–1847.* Nevada, 1997.

Neyer, F. J. / Lang, F. R.: »Blood is thicker than water: Kinship orientation across adulthood.« In: *Journal of Personality and Social Psychology,* 2003, 84, 2, S. 310-321.

Pinker, S.: *Das unbeschriebene Blatt. Die moderne Leugnung der menschlichen Natur.* Berlin, 2003.

Poe, E. A.: *Der Untergang des Hauses Usher.* Berlin, 1927.

Putnam, R. D.: *Bowling alone. The collapse and revival of American community*. New York, 2000.
Reed Murphy, V.: *Across the plains in the Donner party*. With letters by James Reed. Hg. v. Karen Zeinert. North Haven, 1995.
Ridley, M.: *Die Biologie der Tugend. Warum es sich lohnt, gut zu sein*. München, 1997.
Rogerson, P. A./Kim, D.: »Population distribution and redistribution of the baby-boom cohort in the United States: Recent trends and implications.« In: *Proceedings of the National Academy of Scienes (PNAS)*, 2005, 102, 43, S. 15319-15324.
Rossi, A. S. / Rossi, P. H.: *On human bonding. Parent-child relations across the life course*. New York, 1990.
Salmon, C. A. / Daly, M.: »On the importance of kin relations to Canadian women and men.« In: *Ethology and Sociobiology*, 1996, 17, 5, S. 289-297.
Sautter, H.: *Wie berechtigt ist die Kritik am ökonomischen Zynismus?* Abschiedsvorlesung an der Georg-August-Universität Göttingen, 14. Februar 2003.
Savage, J. / Kanazawa, S.: »Social capital and the human psyche: Why is social life ›capital‹?« In: *Sociological Theory*, 2004, 22, 3, S. 504-524.
Schelsky, H.: *Wandlungen der deutschen Familie in der Gegenwart. Darstellung und Deutung einer empirisch-soziologischen Tatbestandsaufnahme*. Stuttgart, 1960.
Schelsky, H.: »Die Jugend der industriellen Gesellschaft und die Arbeitslosigkeit.« In: *Arbeitslosigkeit und Berufsnot der Jugend*. Hg. v. Deutscher Gewerkschaftsbund, Bundesvorstand, Düsseldorf, Hauptabteilung Jugend. Köln, 1952, Bd. 2.
Schölmerich, A. / Leyendecker, B. / Citlak, B. / Miller, A. / Harwood, R.: »Variability of grandmothers' roles.« In: Voland, E. / Chasiotis, A. / Schievenhövel, W.: *Grandmotherhood. The evolutionary significance of the second half of female life*. London, 2005, S. 277-292.
Shakespeare: *King Lear*. In: Ders.: Gesammelte Werke. Gütersloh, 1958.
Shkolnikov, V. M. / Andreev, E. M. / Houle, R. / Vaupel, J. W.: *To concentration of reproduction in cohorts of US and European women*. Hg. v. Max-Planck-Institut für demographische Forschung. MPIDR-working paper, WP 2004-027. Rostock, 2004. http://www.demogr.mpg.de/papers/working/wp-2004-027.pdf
Sieder, R.: »Besitz und Begehren, Erbe und Elternglück. Familien in Deutschland und Österreich.« In: Burguière, A. / et al.: *Geschichte der Familie*, Bd. 4, 20. Jahrhundert. Frankfurt am Main, 1998. S. 211-284.
Sime, J. D.: »Affiliative behaviour during escape to building exits.« In: *Journal of Environmental Psychology*, 1983, 3, S. 21-41.
Sinn, H.-W.: »Das demographische Defizit – Die Fakten, die Folgen, die Ursachen und die Politikimplikationen.« In: Birg, H.: *Auswirkungen der demographischen Alterung und der Bevölkerungsschrumpfung auf Wirtschaft, Staat und Gesellschaft*. Münster, 2005, S. 53-90.

Sprecher, S. / Toro-Morn, M.: »A study of men and women from different sides of earth to determine if men are from Mars and women are from Venus in their beliefs about love and romantic relationships.« In: *Sex Roles*, 2002, 46, 5/6, S. 131-147.

Testa, M. R. / Grilli, L.: »Lernen die jüngeren Generationen von den älteren? Ideale Familiengröße in Europa: Trend zur Kleinfamilie erweist sich als längerfristig.« In: *Demografische Forschung aus erster Hand*, 2005, 2, 2.

Uhlenberg, P.: »Mortality decline in the twentieth century and supply of kin over the life course.« In: *The Gerontologist*, 1996, 36, 5, S. 601-605.

VanWey, L. K.: »Altruistic and contractual remittances between male and female migrants and households in rural Thailand.« In: *Demography*, 2004, 41, 4, S. 739-756.

Voland, E. / Chasiotis, A. / Schievenhövel, W.: *Grandmotherhood. The evolutionary significance of the second half of female life*. London, 2005.

Voland, E.: *Grundriss der Soziobiologie*. Heidelberg, 2000.

Wachter, K. W.: *Kinship resources for the elderly*. Philosophical transactions of the Royal Society of London, Reihe B. London, 1997, S. 1811-1817.

Wilkins, R. / Gareis, E.: »Emotion expression and the locution ›I love you‹: A cross-cultural study.« In: *International Journal of Intercultural Relations*, 2006, 30, S. 51-75.

Willenbacher, B.: »Zerrüttung und Bewährung der Nachkriegs-Familie.« In: Broszat, M. / Henke, K. D. / Woller, H.: *Von Stalingrad zur Währungsreform. Zur Sozialgeschichte des Umbruchs in Deutschland*. München, 1988, S. 595-618.

Wolfensohn, J. D.: *Women and the transformation of the 21st century. Address to the fourth UN conference on women*. Beijing, 15. September 1995.

Danksagung

Dieses Buch wäre nicht entstanden ohne die Diskussionen, die Anregungen und auch die Kritik, die der Versuch des Autors über die alternde Gesellschaft ausgelöst hat. Es wäre aber erst recht nicht entstanden ohne den Rat, die produktiven Zweifel und die Unterstützung von Freunden, Kollegen und Lehrern. Der Autor dankt Nicholas Eberstadt für aufklärende Worte. Er dankt Eckhart Voland, dem kundigsten Kenner des Faches, für Rat und Quellen zu soziobiologischen Fragen. Jürgen Kaube, Edo Reents und Joachim Müller-Jung haben kritisch gelesen, Florian Glässing mehr gerettet und geheilt, als er ahnt, Dan Rosen war unentbehrlich bei allen Fragen zur Donner-Reisegruppe. Er dankt Hendrik Leber für Belehrung in ökonomischen Fragen, Matthias Landwehr für emotionale und Monika Stützel für organisatorische Unterstützung. Marion Kohler hat die entscheidenden Fragen gestellt und dem Autor unentbehrliche Hilfe geleistet. Ohne Rebecca Casati jedoch wäre es zu alldem gar nicht gekommen, denn ohne sie wäre nichts von dem geschrieben, was ist.

Personenregister

Allen, Woody 87
Aristoteles 46

Banfield, Edward 124, 125
Baron-Cohen, Simon 133, 136, 137
Becker, Gary 112
Benn, Gottfried 84
Benvenuto, Giorgio 82
Bertram, Hans 34, 73, 117
Birg, Herwig 70, 118
Braverman, Harry 162
Brockmann, Hilke 145
Burnstein, Eugene 50

Carnegie, Andrew 47, 48
Ceauşescu, Nicolae 82, 83, 84
Clinton, Bill 99
Connolly, Cyril 56
Crandall, Christian 50

Daly, Martin 127
Day, David 79
Denton, Barbara 139
Diderich, Monique 58, 128
Doderer, Heimito von 101
Donner, George 8, 12, 16, 17
Donner, Jakob 8
Donner, Tamsen 10, 12, 16, 17, 132
Dubner, Stephen 83
Dunbar, Robin 100, 113
Dunn, Janet 104, 105, 108

Eberstadt, Nicholas 19, 21, 46
Einstein, Albert 110
Enzensberger, Hans Magnus 31

Erhard, Ludwig 24
Eugenides, Jeffrey 61

Fabio, Udo di 37, 67
Fleischer, Richard 94
Frank, Robert 65
Franzen, Jonathan 61
Freud, Sigmund 54
Frisch, Max 25, 60
Fromm, Erich 86
Fukuyama, Francis 148, 156, 157

Geiger, Arno 61
Grass, Günter 24, 31, 58
Graves, Robert 53
Grayson, Donald 14, 15, 16, 17, 18, 19, 22, 132
Grilli, Leonardo 72
Grundig, Max 24, 31

Halloran, Luke 15
Hardkoop 11, 15, 21, 23, 45, 131, 155
Heinroth, Oskar 57
Hesse, Hermann 55
Hrdy, Sarah 134, 146, 154, 155

Jankowiak, William 58, 128
Jünger, Ernst 23, 25

Kafka, Franz 54, 62
Kanazawa, Satoshi 100, 101, 140
Kaufmann, Franz-Xaver 92, 121, 123
Keseberg, Ludwig 9, 11

Keverne, Eric 134
Kirchhof, Paul 38, 71
Kitayama, Shinobu 50
Kleist, Heinrich von 145
Klinenberg, Eric 158, 160
Knutas, John 88
Kohl, Helmut 24
Koriseva, Arja 88

Larkin, Philip 59
Levitt, Steven 83
Lippe, Holger von der 90
Livi-Bacci, Massimo 31
Livson, Norman 79
Longman, Phillip 108
Lorenz, Konrad 57
Luhmann, Niklas 52
Luttwak, Edward 157

Mann, Thomas 53
Marinetti, Filippo Tommaso 56
Marshall, Lorna 114
Matt, Peter von 53, 55, 64
Menasse, Eva 61
Mitscherlich, Alexander 28
Mommsen, Theodor 53, 63, 64
Mueller, Karla 76

Neckermann, Josef 24, 31

O'Malley, Pat 139

Pike, William 15
Pinker, Steven 150

Poe, Edgar Allan 53
Putnam, Robert 98, 99, 100

Reed, Margaret 8, 11, 134
Reed, Virginia 10, 13, 14, 133
Roosevelt, Theodore 67
Rossi, Alice 137
Rossi, Peter 137

Saint-Exupéry, Antoine de 45
Salmon, Catherine 127
Savage, Joanne 140
Schelsky, Helmut 30, 39
Schmidt, Helmut 33, 35
Shakespeare, William 54
Sime, Jonathan 42, 43, 44, 51
Snyder, John 11, 15
Sprecher, Susan 87
Stanton, Charles 134

Tacitus 145
Testa, Maria Rita 72
Toro-Morn, Maura 87

Uhlenberg, Peter 36

Wachter, Kenneth 130
Welles, Orson 94
Willenbacher, Barbara 30
Wolfensohn, James 149
Wolfinger, Jacob 15
Wright, Robert 93

Yoder, Janice 76

Frank Schirrmacher

Das Methusalem-Komplott

ISBN 3-89667-225-4

Unsere Gesellschaft wird schon in wenigen Jahren ihre Alterung als einen Schock erfahren, der mit dem der Weltkriege vergleichbar ist. Nur eine militante Revolution unseres Bewusstseins kann uns wieder verjüngen. Anhand neuester wissenschaftlicher Erkenntnisse erstellt dieses Buch eine erschreckende Diagnose unserer Gesellschaft und ruft zu einem Komplott gegen den biologischen und sozialen Terror der Altersangst auf. Noch bleibt uns eine Chance – sorge dich nicht, werde alt!

»…anregend, scharfsinnig wie provozierend, zugleich aber auch ausgewogen, facettenreich und präzise.«
James Vaupel, Gründungsdirektor des Max-Planck-Instituts für demographische Forschung

»Pflichtlektüre! Das Methusalem-Komplott ist völlig zu Recht zum Oldie auf der Bestsellerliste geworden.«
Denis Scheck, Der Tagesspiegel

Karl Blessing Verlag